儒教与民族国家

刘小枫 著

献给父亲九十一寿辰

目 录

前言

纬书与左派儒教士 / 1

儒家革命精神源流考 / 74

游击队员与中国的现代性问题 / 169

《王制》与大立法者之德 / 195

密……不透风 / 212

前　言

大约十年前，国朝学界内部发生过一场论争——儒家是不是宗教，论争范围很小，也就没引起多少学者关注。卷入论争的都是搞国学的，主张儒家是宗教（因此认为当称为"儒教"）的一方，持有的其实是马克思的宗教观：宗教是历史上的过渡性社会现象，最终会消亡……反方差不多也是在这一理论背景上反对把儒家说成宗教，其意图不外乎是：儒家因此不会像宗教那样随着现代化进程而消失。

那时，我正好到北京开一个学术会议……当我在写有名牌的位子坐下时，后座有位从未谋过面的先生就热情地拉着我的手："谢谢你，谢谢呵"……我正纳闷，这位上了点年纪的先生马上就说："谢谢你支持我们的儒家是宗教的观点……"

我哭笑不得，不知说什么好，只好稀里糊涂地点头摇头、摇头点头……我写的文章把儒家看作一种宗教，前提可不是把宗教看作历史上的过渡性社会现象。宗教是属人的生存现象，不会随着现代化进程而消失。《纬书与左派儒教士》和《儒家革命精神源流考》都是差不多十二年前写的文章，考虑的问题乃是儒教与正在转型为现代民族国家的中国的关系——儒教仍然在型塑现代中国，未来的中国也不可能与儒教断绝干系……问题是：是怎样的儒教？因此，十年前我就打算要写题为"儒教与民族国家"这本书。

儒家的确是个含混的指称，不能说儒家就直接等于儒教，只能说儒家与儒教有一种非常难以说清楚的关系——反过来说，儒教也不就等于儒家，但与儒家是怎样的关系，非常难以说清——无论如何，儒家与儒教有一种"生存论上的差异"。

我试图从何谓"儒教士"入手来澄清这一问题，首先清理成说——也就是现当代"儒生"的论说，不消说，我觉得这些"弘扬"儒家的说法大都问题多多。当时，我依托的视野是韦伯的教士类型学，尤其是舍勒的教士精神类型学……写完《纬书与左派儒教士》和《儒家革命精神源流考》之后，我才注意到，这种精神类型学其实来自尼采的灵魂类型学——在《善恶的彼岸》第三章，尼采就人类生活与宗教的生存论关系谈到了人的三种不同灵魂类型……首先是热爱智慧的人的灵魂类型，这种人承担着"最广泛的责任"，因而离不了宗教：既为了培育自己，也为了教育事业……为什么培育自己需要宗教？因为这类人的灵性天生想要往高处去，向往过沉思生活，这就需要宗教来保护自己，为"自己制造出干净"的生活空间，使得自己与"粗劣统治的喧闹"和"搞政治必然会有的肮脏"隔绝开……这类人从事的现世事业似乎就是从事教育，但为了教育事业为何又需要宗教？尼采没有马上说明……无论何时，哲人总归是极少数，他们需要的宗教以及如此需要的目的都不同于别的灵魂类型。

当王的人是又一种灵魂类型，这类人也需要宗教——为什么？我们以为尼采会像我们那样说：因为宗教有利于他们统御民人。但尼采没有这样说！相反，倒是在谈到哲人类型的灵魂时，尼采说，哲人应该清楚懂得，宗教是怎么回事,懂得宗教对于人类生活大有益处,懂得"宗教是个纽带,把统治者和臣民维系在一起"。尼采没有如此告诫王者,而是告诫哲人,兴许是因为,近代尤其启蒙运动以来,竭力主张废除宗教的恰恰是我们的哲人——我们长期以来也把尼采视为这样的哲人,显然搞错了。对于王者类型的人,尼采说,他们在当王之前的成长过程中需要宗教,因为宗教可以诱发并不断推动这类灵魂身上应该有的"意志的力量和兴致,亦即把握自我的意志",磨练其"自我克服、隐忍和孤单的感觉",促使这类"凭靠幸运的婚姻习俗"获得的"意志的力量和兴致"走向"更高的精神"。因而,尼采说,宗教作为苦行主义和清教主义"几乎是不可或缺的教育和变得优秀的手段"——联想到前面关于哲人的"教育事业"需要宗教的说法,这里我们兴许可以推想,哲人的"教育事业"首先是要教育那些"凭靠幸运的婚姻习俗"获得的"意志的力量和兴致",使之走向"更高的精神"。

普通人或大多数人则又是一种灵魂类型,宗教对于他们的意义与对前两种类型的灵魂完全不同,甚至宗教的类型也有所不同。为什么?因为,多数人承担着人类生活中最为贫乏、单调的日常艰辛。近代以来的哲人(以及作为这些哲人的学生的我们)以为,现代技术文明的进步可以逐渐消灭这种日常艰难,但生活在技术文明突飞猛进的时代的尼采却认为,这不可能——不仅不可能,毋宁说,对于人类生活来说,这种日常艰难甚至是必须得有的。尼采说:

> 对这些人,宗教给的是一种无法估量的满足感——满足于自己的状况和(生活)方式,给的是形形

色色的心灵平和,给的是服从时变得优秀,给的是与自己相同的人同甘共苦,给的是某种使人幸福、使人美好的东西,某种使得整个日常生活以及自己的整个灵魂近似动物性的贫乏得以称义的东西。宗教,亦即生活的虔敬意蕴,把阳光投到这样一些总是受折磨的人身上,使他们自己得以承受自己这副样子——宗教所起的作用,就像一种伊壁鸠鲁式哲学通常对更高层次的受苦人所起的作用:爽朗、高雅地受苦,同时又是充分利用受苦,甚至最终成圣地、称义地受苦。在基督教和佛教身上,最可敬的东西也许莫过于它们的技艺:连最低的人也要去循循善诱,让他们靠着虔诚置身于事物的一个更高的表面秩序中,从而坚定不移地对现实的秩序感到心满意足,而在这现实的秩序之中,他们活得实在够艰难——这种艰难又恰恰是必需的!(《善恶的彼岸》第61条)

这话像尼采说的?如此体贴生活在日常艰辛中的多数人!然而,无论让我们多么惊讶,这话的确就是尼采说的,而且语重心长。尼采在这里从人的三种最基本的灵魂类型的差异来看人与宗教的关系,在《敌基督者》中,尼采充分展开了这种灵魂类型的宗教观,尤其集中于第一类人的灵魂与宗教的生存论关系,因为,这类灵魂与宗教的关系决定了另两类灵魂与宗教的关系——相比之下,韦伯和舍勒的教士类型学都把问题变得平面、狭窄了。《敌基督者》从批判启蒙后的德意志哲学入手,回溯到古代的天性—宗法制度,教士的精神类型问题才真正明朗起来——换言之,要深入"儒教士"的精神类型问题,必须从古典与现代的张力这一视野切入。韦伯和舍勒的教士类型学缺的恰恰是古典的视野,尽管他们不时在讨论古人。

儒家在品质上是政治哲学,儒家与儒教的关系如何,取决于儒生自己心里清楚自己与宗教的关系以及宗教与其他两种类型的灵魂的关系……历史上的历代儒生心里清楚这种关系吗?

现代儒生为了应付西方文明的挑战,喜欢把儒道释说成一个融贯合一的整体——其实,佛学和佛教入华之前,倒是儒与道正在融贯为一个协致的整体,从而促成哲学与宗教的稳妥关系,其外观就好像《抱朴子》的内外篇……佛学和佛教入华之后,这一关系马上就开始变得不稳定起来,以至相互扭曲,最终引出宋儒的"知行颠倒"(参见拙文《六译圣人赞》):

> 俗儒每以自为圣贤,须知户户道学,家家禅寂,天下正自弥乱耳。……沙门无人敢学佛,秀才皆自命为真孔。盖由直以村学究为孔。《庄子》曰:"大而无当。"似此恒河沙数之孔子,所以酿灭国灭种之劫运也。(廖平,《孔经哲学发微》凡例 9 – 10)

这话说得振聋发聩,而且廖子并没有读过尼采——可是,线装大字刻本摆在那里,我却看不明白,等到读过尼采才看明白廖子说的意思……本来就在自己家乡的东西,反倒生疏得不行。

《敌基督者》第 20 节说到了佛教,说的就是哲学如何变成了普世的宗教这一问题——没必要把注意力放在佛教对欧洲的影响(叔本华)上去,尼采说的仍然是灵魂类型与宗教的生存论关系……在我们眼中，佛教不过是芸芸众生的生活食粮，但在尼采眼中，佛教却非常"哲学"——他说：佛教这种客观而冷静的宗教"是持续了几个世纪的哲学运动的产物"，它抛弃了道德概念的自欺，成为"一种持久地对概念和逻辑程序保持全神贯注的生活"方式；这种"漫游式的生活"方式自由自在，杜绝忿然、冲动和任何牵挂，让人联想到伊壁鸠鲁式的哲学……佛教作为一种生活方式，其哲学性质就在于唯我论的特征，"唯我论成了义务"……尼采的这段话读来最让人感到震惊的是，他把苏格拉底也扯上了——按照尼采的看法，现代性的根源就在于哲人搞错了自身与宗教的关系——苏格拉底就是肇始者（参见《偶像的黄昏》："苏格拉底问题"）……但苏格拉底与佛教有什么关系？

尼采把佛教的性质定性为如此"哲学"之后接下来说，佛教基于"一种非常温厚和自由的习俗"，而且，作为哲学运动，佛教"是在那些高等的、有教养的阶层中间兴起的"（第21条）……佛教相当精致，"是良善、温和、过于精神化的种族的宗教，他们太容易感受到痛苦"（第22条）……从而，基督教与佛教构成了对比甚至对立：佛教太高、基督教太低，处于中间的是"文明"——"佛教是为了终结和厌倦文明"……"文明"的含义在这里指什么？人的"驯化"……我想到了梁漱溟这位北京大学的印度哲学特聘教授，他说中国文明是"早熟的"……说完他就去搞乡村运动或者说搞民间宗教去了……

可是，尼采说佛教非常"精致"（Feinheit）——什么意思？尼采举的例子是：对是否有某种真实的东西完全无所谓，最重要的是，对某种东西信以为真。

真实（Wahrheit）和信以为真的信仰：两个风马牛不相及的兴趣世界，几乎完全对立的世界——到达两者的道路完全不同。明白这一点，在东方世界，就几乎成为智者。这个道理，婆罗门能懂，柏拉图能懂，每一个拥有秘传智慧（esoterische Weiseheit）的大师都能懂。（第23条，吴增定译文）

懂得这一点就是"精致"：通向真实和信以为真的道路不同，无异于在区分两类不同的灵魂——问题是，谁明白这种区分？"无论是摩奴、柏拉图、孔子，还是犹太教和基督教的老师，都从不怀疑自己说谎的权利"（《偶像的黄昏》："人类的改善者"第5条）⋯⋯什么意思？——宗教圣人和哲人都懂得"不该说谎"的含义是："请您提防道出真实。"（《偶像的黄昏》："一个不合时宜者的漫游"第42条）

孔子也不怀疑"说谎的权利"？这话听起来无论如何都怪骇人听闻的⋯⋯可是，廖子在尼采之前已经这样说过了——《六译圣人赞》发表后，有位从未谋面的老先生写信给我，说他也很喜欢廖子，因而也喜欢我的这篇短文，但责怪我不应把廖子称为"圣人"⋯⋯这称号唯有孔子可以当之啊⋯⋯可是，廖子在痛责宋儒时引了《庄子》曰"大而无当"，这无异于在提示我：要搞清儒家与儒教的关系，还得从"《庄子》曰"入手⋯⋯据前辈说，读《庄子》又得从《天下篇》入手。《天下篇》一上来就区分天下各色人种（用尼采的话说，就是"灵魂类型学"），圣人的位置在哪里？不在最高处，而是中间：上面还有三等——由低到高为至人、神人、天人，下面也有三等——由高至低为君子、百官、民(谭戒甫《庄子天下篇校释》解说至为精到)……我称廖子为"圣人"难道不是恰如其分?

"儒教与民族国家"早该结题了,只不过到现在才找到一个恰当的时机——但这并非意味着,问题已经了结,毋宁说,下一步应该做的是,遵循廖子的教诲,重新绎读《庄子》……

刘小枫

2007年3月于沐猴而冠斋

纬书与左派儒教士
—— 纬书研究述评

人类的思想和社会行为依循着特定的精神法则,这些精神法则是历史地积累起来的,并往往凝聚为某些个体人格典范——精神楷模(孔子、摩西、苏格拉底、释迦牟尼、耶稣)。随着现代政党政治的出现,精神楷模与追随者团体的关系及其对国家政制和文化秩序的作用,已成为政治理论中的重要课题之一。[①]中国传统的思想和社会行为的个体人格典范显得颇为特别,孔子则是首要的人格典范。从汉代到清代,孔庙制及其从祀制不断扩展,以孔子为中心的

---

① 参 Max Scheler,《位格典范与领袖》(朱雁冰译),见《舍勒文集》,刘小枫编,下卷,上海三联书店,1998。

个体人格典范也随之增多。① 孔庙及其从祀制表明了两点：一、孔子是众多历史地积聚起来的精神楷模中的精神楷模；二、这些精神楷模的思想和社会作用受国家政制支配。由于孔庙及其精神楷模的基本作用是教化，而这种教化又与国家政制一体化，孔子的以天道设教就成了国家化的政制宗教。

谈到儒教，我们面临的一个问题是：儒教士在哪里？与西方（基督教）或中国的建制化宗教（道教、佛教）的教士组织形态相比，我们找不到儒教士。可是，若孔子的以天道设教事实上已构成了国家化的政制宗教，就必定有教士。孔子作为中国思想和社会的精神楷模的历史形象，相当程度上是由孔子身后的历代儒生塑造出来的，或者说孔子的精神身位与历代儒生是相互塑造的关系，即教主与教士的关系。在中国思想史上，孔子曾被明确尊为教主，那么塑造孔子教主形象的一定就是儒教士了。

孔子作为精神楷模的历史形象与历代儒生的相互塑造关系有政制和思想论说两种形式，就后者而言，纬书就是一个极好的个例。纬书塑造了极具神圣品格的孔子形象，这表明曾有极具神圣品格的儒生群体的存在。本来，纬书研究不仅可为确定儒教士的存在奠定基础，而且可为探讨儒教士的类型奠定基础。可惜的是，近几十年来的纬书研究并未在这方面有什么进展，反而徒添浮言，以至于我的初探不得不破字当头了。

---

① 参范小平，《中国孔庙发展及演变情况概略》，见陶瀛涛编《孔学孔庙研究》，成都：巴蜀书社，1991，402 – 417 页；黄进兴，《学术与信仰：论孔庙从祀制与儒家道统意识》，见氏著，《优入圣域：权力、信仰与正当性》，台北：允晨文化公司，1994，217 – 312 页。

一、孔子的历史身位与纬书

康长素在《孔子改制考》中说：

> 孔子为教主，为神明圣王，配天地，育万物，无人、无事、无义不围范于孔子大道中，乃所以为生民未有之大成至圣也。……汉以来皆祀孔子为先圣也。唐贞观乃以周公为先圣，黜孔子为先师。孔子以至圣被黜，可谓极背谬矣！①

此论一出，中国的政治文化风气曾为之一变。然而，"五四"新文化运动以来，孔子的"教主"身位又遭抨击，捣孔家店和还原孔子历史形象的启蒙文化论述将孔的历史身位定性为先师，抹去孔子的政治（"素王"）和宗教（"教主"）身位。冯友兰说，"孔子只是一个'教授老儒'"，他"第一个使学术民众化"，"以教育为职业"，孔子的行为与希腊"智者"相似，对中国的影响与苏格拉底对西洋历史的影响相似。② 在

---

① 《康有为全集》，卷三，上海古籍出版社，1992，284 页。
② 冯友兰，《孔子在中国历史中之地位》，见氏著，《三松堂学术文集》，北京大学出版社，1985，126 页。这种说法在国内学界仍是通识。一本流俗的孔子评传说，孔子是一个教育家、思想家，也可以算半个政治家，但是他首先是一个品德高尚的知识分子。见陈升，《孔子传》，石家庄：河北人民出版社，1997，14 页。关于晚清和"五四"时期的孔子形象之争，参朱维铮，《历史的孔子与孔子的历史》，见氏著，《走出中世纪》，上海人民出版社，1987，225 - 234 页；马希贵、李超英，《关于清末民初的孔教运动》，见隗瀛涛编，《孔学孔庙研究》，成都：巴蜀书社，前揭，140 - 255 页。

"教主"说与先师说之间,熊、牟儒学致力于在现代人民民主论基础上重建儒学的"内圣外王"论,这一论述力塑孔子的圣人和"素王"身位。① 晚近,不满新心学的唯心性论,以承儒家内圣外王精义的孤魂自居的儒生重拾公羊论坠绪,再张康长素的孔子"教主"说,"以孔子为代天受命制法施教之王者"。② 在现代性政治文化的论争语境中,熊、牟的孔子圣人论与新老公羊家的孔子"教主"说貌离神合,都是要恢复被启蒙论述删除的孔子的"素王"和"教主"身位。另一方面,以基金会的现代化方式尊孔的国家行为,也力图巩固孔子的先师身位在文教政制上的法统地位。由于"素王"和"教主"身位在孔子身上实二而一者,可把这两种身位看作同一类型,孔子的先师身位与孔子的"素王"和"教主"身位因此是现代中国政治文化中两种竞争性的精神楷模,在这两种精神楷模背后,活跃着两种不同类型或不同精神气质的儒教士。

尊孔为先师并非现代中国启蒙话语的发明,而是古已有之。钱穆提醒当今学人,近人言孔只及《论语》,不过是一种时风;隋唐以前言孔,《春秋》远重于《论语》。③ 值得注意的是,与《春秋》的正典地位相关的是孔子的素王或教主身位,与《论语》的正典地位相关的是孔子的先师身位。在汉代官定经学系统中,《论语》列于传记,没有正典地位,《春秋》列于经,其正典地位不是《论语》可以比的。其时,儒家论述孔子的圣王或教主身位的话语居主

---

① 参熊十力,《原儒》,台北:明文书局,1988,23-40页。
② 参蒋庆,《公羊学引论》,沈阳:辽宁教育出版社,1995,124页。
③ 钱穆,《孔子与春秋》,见氏著,《两汉经学今古文平议》,台北:东大出版社,1989,235-237页。

流。《论语》地位的提升在唐宋,这也是长素所谓"黜孔子为先师"的时期。清代戴望以公羊论疏解《论语》,《春秋》经逐渐又稍重于《论语》,直至康子重申孔子的圣王或教主身位说。"五四"以来,随启蒙文化论高涨,《论语》又重于《春秋》。启蒙文化论自然是具激进色彩的现代性思想话语,当今崇《春秋公羊传》的今文家抨击视孔子为先师的论说,据说是为了恢复一种"历史中的信仰",因而也自视为保守主义的现代性思想(参蒋庆,《公羊学引论》,前揭,页137-144)。看来,儒家思想传统内部关于孔子身位的论争仍在中国政治文化的现代性论争中移步换景,两种不同类型或不同精神气质的儒生仍在争夺话语权力乃至国家文教治制法权。

儒家分派,古已有之。夫子一死,"儒分为八":有倡复旧的颜回儒,有倡守本改良的子游儒,有倡"尊贤容众"的子张儒。① 孔夫子兴致多端:兴学、从政、逍遥。后生依各自性情偏取一隅,所塑造的孔子精神身位自有不同。但孔子的先师与圣王(或"素王""教主")身位的区别究竟何在?并非在于前者是理想性的(属于道统),后者是实际政治性的(属于治统)。从政治文化理论的角度看,两种形象都是政治性的,即都与国家政制的正当性关系有关,只有统治类型上的差异。宋代以后的孔子先师身位与政制的关系显然不是减弱了,而是政制的文教系统发生了转型。与此相应,"帝王学也由素重经学渐转为倾向史学",而经筵

---

① 参章权才,《两汉经学史》,台北:万卷楼图书公司,1995,24-28页。

制度亦在宋代成形。①

《论语》与《春秋经传》都与国家政制的正当性相关,由于华夏帝国政制是教化性政制,拥立《论语》或《春秋经传》正典地位的儒生都是儒教士,只是精神气质的结构不同。《论语》与《春秋经传》在中国历代政治文化中的正典地位的消长,反映的是儒教士的思想类型之争,而争议的要害涉及国家政制正当性论证的不同思想资源和精神祈向。因此,孔子的两种精神身位在中国历代政制中的嬗变,代表了两大派儒教士的政治理念及其制度安排的思想之争,用现代的政治文化术语说,就是左派儒教士与右派儒教士之争。

孔子的两种精神身位都是由孔子以后的儒教士塑造的,讨论孔子的历史政治文化功能,就当着重讨论儒教士的历史政治文化功能。从政治文化理论角度审理孔子的"素王""教主"的历史身位,也就要审理倡"素王""教主"说的儒教士的思想结构。这种审理当然不是也要成为某派儒教士,而是审理当代中国政治文化的论争结构时必要的思想史审理。没有必要介入当代儒学政治话语中孔子应为"教主"或先师之争,也不必追随启蒙论述抨击"孔子为教主"论或还原孔子形象论,孔子"素王""教主"说的儒教士的思想结构及其政治文化涵义,才是首先需要搞清楚的事情。

---

① 参许振兴,《论宋代帝王学的发展》,见《东方文化》,香港大学出版社,(1991),54页;朱鸿,《君储圣王,以道正格:历代的君王教育》,见郑欣仁编,《立国的宏规》,台北:联经出版公司,1982,442页以下;亦参黄进兴,《理学、考据学与政治:以〈大学〉改本的发展为例》,见氏著,《优入圣域:权力、信仰与正当性》,前揭,352-392页。

康子在论述孔子"素王""教主"身位时,主要思想资源是董子的《春秋繁露》和纬书。① 但从今人辑成的纬书来看,其中的"教主"说非董子春秋可望其项背。孔子的"素王""教主"说兴于西汉纬书家,只需将纬书中的孔子话语与比如说《孔子辑语》加以比较,就可以清楚地看到这一点。② 但纬书家是谁?纬书之兴不是与借古文经派搞新政的王莽相关吗?怎么王莽看起来倒像今文家?

首先得搞清,何为纬书?

按旧说,纬书是辅经的,目录家都把纬归于经类。但纬书虽以附经立名,却并不是一种单纯释经性的论说,因为其中有不少话语是"孔子曰"。这种托孔说至少表明了纬书的两个性质:一、其是儒教士言;二、其书有经的形态。如李学勤先生所言:

> 汉代的纬学实际是经学的一部分,在考察汉代经学的时候,如果摒弃纬学,便无法窥见经学的全貌。近人讲汉代经学史,每每于董仲舒以下没有多少实质性的话可说,就是这个缘故……纬书的作者其实也是所谓"先儒"。③

但纬书毕竟不是正经,其性质也就有如别经或次经。

---

① 参侯外庐,《中国近代启蒙思想史》,北京:人民出版社,1993,68-72页。

② 纬书中的孔子论,参姜义华等编,《孔子:周秦汉晋文献集》,上海:复旦大学出版社,1990,541-588页。

③ 李学勤,《纬书集成》,见安居香山、中村璋八编,《纬书集成》,吕宗力、栾保群点校,石家庄:河北人民出版社,1994,2页。

别经与正经的称法是国家政治宗教的判称。儒家纬学为汉代显学,一度成为"国教"之学。隋以后,纬书却遭历朝王官学禁绝,以至亡佚。若非如此,纬书也可能就成了正经或新经,六经也就可能成次经或旧经了。纬书成为国教正典之时,就是儒家经典取得国家法权之时。"《论语》虽不立纬,而《六艺》固可名义也,不仅谶纬历史地证明了无严格的区分,就是谶纬和《六经》有时也没有什么区分的。"① 看来,汉代之时儒家正经的国家法典化还十分不稳定,纬书地位的兴衰,因此成为中国思想史上的一桩奇案。

后朝王官学如何判纬书?《隋书·经籍志·六艺·纬类序》的判词最具经典性,多被后人引述:

> 《易》曰:"河出图,洛出书。"然则圣人之受命也,必因积德累业,丰功厚利,诚着天地,泽被生人,万物之所归往,神明之所福享,则有天命之应。盖龟龙衔负,出于河洛,以纪易代之征,其理幽昧,究极神道,先王恐其惑人,秘而不传,说者又云:孔子既叙《六经》,以明天人之道,知后世不能稽同其意,故别立纬及谶,以遗来世,其书出于前汉……云自初起至于孔子,九圣之所增演,以广其意……然其文辞浅俗,颠倒舛谬,不类圣人之旨,相传疑世人造之后,或者又加点窜,非其实录。起王莽符命,光武以图谶兴,遂盛行于世。

---

① 王利器,《谶纬五论》,见氏著,《晓传书斋文史论集》,香港中文大学出版社,1989,77页。

这段话的主要文意是判圣俗之言。首先，论者指出，纬书自称与圣言相类，直接源于孔子圣心（注意，这是诸多后儒的话语样式）和圣旨，关涉社稷民生，但过于惊世骇俗，最好"秘而不传"，传也得以秘式话语行世；九圣是喻词，当指一批儒生的言说，至少有一派气质相投者一脉相承；就与经的关系说，是"别立纬及谶"，因此与经至少是平行关系。然王官学主要以语文学的理由判定"不类圣人之旨"。这里否认的不是纬书中圣人受命的理念和"其理幽昧，究极神道"的大道之言，而仅是"文辞浅俗，颠倒舛谬"。换言之，王官学并未判纬书话语的思想内涵为伪或俗，也没有说这些话语的意旨与先圣不符，只是文辞上不类先圣之言；圣俗之言的判别在话语样式上也表明，纬书家作为儒教士的一派，首先是以秘语为文为特征的。

但王官学真的认同纬书的圣人受命的理念和"其理幽昧，究极神道"的大道之言吗？纬书家的孔子与王官学的孔子究竟是什么联系？

二、新纬书家与纬书研究

纬书的思想史位置有如西方的灵知派经书，两者都是秘语式的救世知识论，且皆被占有国家法权的同族宗教判为异端，然而又一直有潜在的思想影响力。① 纬书并未因王官学的禁绝而消亡，就思想史的影响来看，一直在发挥着

---

① 见刘小枫编，《灵知主义与现代性》，上海：华东师范大学出版社，2005。

次经的作用。明清以来,陆续有人辑佚纬书,至本世纪已有集成。① 既然纬书经历朝官府禁绝,近人如何可以辑得? 今本《纬书集成》不是从地下挖掘出来的古简,而是从《十三经注疏》《白虎通德论》《后汉书》《续汉书·律历志》《宋书·符瑞志》《太平御览》《册府元龟》以及陶弘景《真诰》、葛洪《抱朴子》、贾思勰《齐民要术》、李淳风《乙巳占》、张彦远《历代名画记》、李善《文选注》、罗萍《路史注》等分类辑录而成。② 可见,纬书虽被禁,仍在经、史、集部书中传衍。从文本影响看,纬学自隋以后并非音讯全无,而是潜在地发挥着政治文化功能。

古文献亡佚,靠他藉得以传世,乃中西皆然的文献史现象。第一位据希腊哲学称基督教信仰为妖妄怪异之论的克尔索斯(Celsus)言论,就是靠反驳他的希腊语基督教思想家俄利根(Origen)的《驳克尔索斯》得以传世。19世纪非基督教言论高涨,始有学人从俄利根书中钩稽,单独印行。克尔索斯遂被称誉为"二世纪罗马的伏尔泰或尼

---

① 杰出的成果,即安居香山、中村璋八缉,《纬书集成》三卷,前揭。上海古籍出版社编的影印本《纬书集成》(1994)窃取了两位日本学者的几十年艰辛劳动成果中的不少东西,未注明一字,而且在校雠方面不着一力。就辑纬而言,也只比两位日本学者的集成多一篇《七纬拾遗》。参中村璋八,《上海图书馆藏"七纬拾遗"》载《古田敬一教授颂寿纪念中国学论集》,东京:汲古书院,1997,479 – 493 页(感谢吕宗力博士提供中村文)。

② 顾颉刚,《中国上古史研究讲义》,北京:中华书局,1986,251 – 252 页。

采",至本世纪30年代始有学人用力研究、发皇其论。① 纬书的辑录与研究也大致如此:清代学术思想的嬗变,是纬书辑佚的基本动因。古文献亡佚的很多,为何钩稽此而非彼,显然受时代的思想问题牵引。至于对所辑文献的阐释,则更受当今政治论说的牵制。

从现代学术机制的结构来看,古文献阐释有不同的定位。辑纬书受朴学推动,目的仅在于掇拾、辩证、耙梳和识读,相当于现代学术中的文献研究。继清人蒋清翊《纬学源流兴废考》、近人姜忠奎《纬史论微》、刘师培《谶纬论》后,② 近20年之力作,当推陈槃和钟肇鹏的研究。不过,迄今纬学的文献研究的奠基性成果与邻国日本的纬学研究相比,仍显单薄。③

纬书辑佚及其文献研究,不一定推崇纬书思想。随着纬书的辑佚,出现了对纬书思想的推崇。推崇纬书思想的多是今文家,尤其公羊学一派。百年前,康子引纬书大张孔子的教主身位;皮锡瑞亦为纬书辩护:"三纲大义,名教

---

① Theodor Keim 从古希腊文钩稽并译成德文,初版于 1873 (Orell, Fuessli & Co. in Zurich),早期研究有 Emst Fuhrmann. 见氏著,《文集》卷二, Friedrichssegen/Lahn, 1931, 224 – 252 页;随后的经典研究有: C. Andresen, 《圣言与律法:克尔索斯的反基督教争辩》, Berlin, 1955; H. Doerrie, 《克尔索斯的柏拉图神学及其对基督教神学的论析:以 Origen 的〈驳克尔索斯〉7. 42 节以下为依据的研究》,见《哥廷根哲学历史学会会刊》,2 (1967), 19 – 55 页。

② 见《刘师培论学论政》,李妙根编,上海:复旦大学出版社,1990, 73 – 77 页。

③ 参陈槃,《古谶纬研讨及其书录解题》,台北:国立编译馆,1991;钟肇鹏,《谶纬论略》,沈阳:辽宁教育出版社,1991;安居香山,《纬书与中国神秘思想》,田人隆译,石家庄:河北人民出版社,1991。关于纬学研究进展,参安居香山,《纬书思想研究的历史及其课题》,见辛冠洁等编,《日本学者论中国哲学史》,北京:中华书局,1986, 221 – 239 页。

所尊，而无明文，出《礼纬含文嘉》，马融注《论语》引之，朱子注亦引之，岂得谓纬书皆邪说乎？"① 当今欲重立孔子"圣主"身位的论者视纬学为孔学正门，称"其中必多孔学真义，只要剔除其怪异成份，孔学玑珠昭然可见"（蒋庆，《公羊学引论》，前揭，153页）云云。

现代今文家不仅推崇纬书思想，甚至造作现代的纬书话语，如康有为的《春秋董氏学》便如此。康子曰：

> 孔子之创制立义，皆起自天数。盖天不能言，使孔子代发之。故孔子之言，非孔子言也，天之言也；孔子之制与义，非孔子也，天之制与义也。天之制与义，游、夏自不能赞一辞，余子安能窥测。②

这是地道的纬书话语语式。孔子是天言的化身，与此天言的内在关系，是心传之教的关系。康子之言好像只有他能从孔圣直接得心传天之制与义，这不就是为了明孔子"天人之道，知后世不能稽同其意，故别立纬及谶"吗？从现代学术思想形态来看，重要的是，纬书话语或董氏春秋不再仅是古籍中的文献，而是具有现代思想效力的论说，成为支撑康子"主义"论说的思想酵素，其《春秋董氏学》已是现代语的春秋纬。

续康子的现代春秋纬，蒋庆的公羊论亦为现代春秋纬

---

① 皮锡瑞，《经学历史》，周予同注本，台北：艺文书局，1990，108页。

② 康有为，《春秋董氏学》，楼宇烈点校，北京：中华书局，1990，111页。《四库提要·易类下》："董仲舒《春秋阴阳》，核其文体，即是纬书。特以显有主名，故不能托诸孔子。"

之一例。蒋子并不关注公羊学的文献考据和辩证问题，自认其著"非客观研究公羊学之著作。公羊学为今文经学，故是书亦为今文经学"（蒋庆，《公羊学引论》，前揭，2页）。郑玄已经说过，公羊以谶纬解春秋经；蒋子的公羊今论以复兴儒家政治思想及其制度设计命意，阐明公羊思想的义理，致力使之成为现代政治文化论争的思想资源，其中多纬书式话语，亦可谓现代语境中的春秋纬。

现代语的春秋纬在现代学术体制中属于思想论说一类。所谓思想论说指因应时代问题，依据特定的学术思想资源而形成的大论述，提出紧扣时代问题的解释历史或现实的理论框架。这些论说的思想资源不外古典论说（柏拉图、亚里士多德、托马斯·阿奎那等）和现代论说（马克思、尼采、韦伯、福柯、哈贝马斯等）。例如麦金太尔的《追求德性》从分析现代伦理的病相入手，推及病相之源，随之引出亚里士多德的伦理学及其当前效力。由此，亚氏的伦理学说不再仅是古籍中的材料，而是具有现代思想有效性的论说，成为支撑麦金太尔"主义"论说的思想质料。[①] 对于这种思想论说，西人好冠之以新亚里士多德主义之类的名目。按我华夏学术的习惯，现代语境中春秋纬则可称之为新纬书家。

若要搞清纬书的思想结构以及儒教士的思想类型，显

---

① 参 A. MacIntyre，《德性之后》，龚群、戴扬毅译，北京：中国社会科学出版社，1995。麦金泰尔复活亚里士多德的目的论伦理学时的思想逻辑与康子和蒋子不同：麦氏从分析现代性问题为起点，并未预设亚里士多德伦理学说的当前效力；康子和蒋子预设公羊论的当前效力，其正当性论证方式是循环式的：因为公羊论是孔学真传，所以公羊论有现代意义；麦氏的论证方式是，因为现代性困境不能自行解脱，所以亚氏的伦理学有效。这种依古典论说建构大论述时的论证逻辑的差异，值得留意。

然不必跟着康子、蒋子的新纬书家论说往下说,甚至与之论争也是多此一举,不然就会陷入其秘教式话语魔圈;但仅靠纬书的文献研究,也难以搞清新老纬书家的精神气质和话语类型。

三、纬书妖妄论与儒教士

在古典研究中,某种大理论对古典文本的解释取向的效力是不稳定的;大理论解释使古典文本有活力,并把当前的问题意识带入对古代文本的审理。没有观点的人文研究,没有学术思想生命力,没有一种看法,历史文献很可能只是一些"断烂朝报"。反之,若大理论有问题,或择用不当,又会使古典文本失去活力或成为"新闻朝报"。由于解释取向亦代表着特定的思想立场,从对古典文本的解释取向亦可看出思想派别的定位。

随着中国学术思想的现代转型,纬书之政治理论性质的研究,从顾颉刚、周予同两位经史学大师的研究算起,至晚近冷德熙的《超越神话:纬书政治神话研究》,① 构成了一套以神话论为基调的论述。这些解释取向是否搞清了纬书的思想品质?他们与纬书所代表的儒教士是什么关系?

要回答这一问题,首先得审理论者以什么大理论来解释纬学。顾颉刚、周予同的谶纬论凭靠的是两样东西:一方面据清人辑佚梳理的纬书文献,另一方面,则以"五四"

---

① 冷德熙,《超越神话:纬书政治神话研究》,北京:东方出版社,1996。

化的现代启蒙思想定义纬论的思想性质。所谓"五四"化的启蒙文化论说指，要祛除孔教体系的思想神权和社会法权性质，具体地说，就是在捣孔家店的号召下，还原孔子的历史原形。因此，周予同断言，纬书中的孔子是假孔子：

> 两汉以来的孔子只是假的孔子而不是孔子的真相。……两汉以来的孔子只是已死的孔子；他随着经济组织、政治现象与学术思想的变迁，而换穿着各色各样的奇怪的服装。不信，在最近几年，孔子不是穿着不相称的"中山装"在摇摇摆摆地吓人吗？①

这种说法表明，周予同在"五四"启蒙文化思想影响下，试图揭穿两汉以来孔子的假形象，还原孔子的真形象。这种还原论不是与《隋书·经籍志》中的"不类圣人之旨"的判词相近吗？这里可以提出一个问题：中国现代思想论争与中国古代的思想论争是否有某种内在的隐秘因缘？《隋书·经籍志》对纬书的判"俗"，与新帝国王朝重建思想法统相关；周予同还原孔子形象与"五四"时期新文化思想力图建立启蒙思想信念的社会法权有关。周予同的谶纬论追随顾颉刚的解神话论，旨在解谶纬神话，其前提自然是把谶纬视为神话。顾颉刚说：

> 谶纬书的出现，负有三种使命。其一是把西汉二百年中的术数思想作一次总整理，使得它系统化。其

---

① 周予同，《纬谶中的孔圣与他的门徒》，见朱维铮编，《周予同经学史论著选集》（增订本），上海人民出版社，1996，292页。

二是发挥王莽、刘歆们所倡导的新古史和新祀典的学说,使得它益发有证有据。其三是把所有的学问、所有的神话都归纳到《六经》的旗帜之下,使得孔子真成个教主,《六经》真成个天书,借此维持皇帝的位子。①

顾氏的论点把纬书的现代意义划定为仅有史料价值——人们可以探秦汉的天文、历法、神祇、地理、史事、文字和典章制度,或探纬书与两汉政治权力转移的关系。纬书在古代思想史上的意义,不过是各种思想的一次积累。这些观点都以把纬书当作神话来祛除为前设。顾颉刚和周予同用现代白话重述纬语,目的就是揭开纬书神话语式中的妄诞。

由于已预先将纬书定性为神话,而神话的含义在顾、周那里干脆就等于迷信,对纬书与汉代政权之关系的解释,就是简单的利用论。这样一来,不仅不可能指望他们会对早期华夏帝国的政治理论的性质有历史的理解,而且其解释取向也与古代王官学的谶纬妖妄论难以分开了。这里,变换了的只是判谶纬为妖妄的理据,至于结论及由此构成的思想张力,顾、周的解神话论与古代的妖妄论是相同的。

中国政治思想史家萧公权论析谶纬时,亦取"扇图瑞应之妖言,以取媚时君,惑世欺俗"的古代正统儒家论点,同样受时代的启蒙思想影响。② 萧氏的中国政治思想史取模于萨拜因的《政治学说史》——萨拜因的史论立场搁置历

---

① 顾颉刚,《汉代学术史略》,北京:东方出版社,1996,118页。
② 参萧公权,《中国政治思想史》,上卷,台北:联经出版公司,1986,322-330页。

史中的价值论，认为自己作为搞史学的不可能知道人类的历史是否朝着遥远的神圣结局前进。从历史的角度看，他以为"很难说某一种政治理论是正确的"。历史中的政治思想无一不带有个人或群体的评价和偏爱；当今的政治理念虽然也有其价值偏见，但毕竟懂得限制自己的偏见。这种与施特劳斯的政治思想史观不同的思想相对论立场，具有自由主义思想背景，要求描述性地分析历史中的政治思想，看似与启蒙家的思想史好用的黑暗/光明或进步/反动两分法相去甚远，其实不过是启蒙思想的结果。① 作为萨拜因的学生，萧公权在撰述中国政治思想史时，尽管力图贯彻其师的价值中立的史学立场，但在分析谶纬论时，却并未研读文本、深入考察历史中的儒学内部论争，而是以妖妄论轻慢地带过纬书家，遑论认真看待妖妄论的政制基础了。

称谶纬为妖妄论本是儒学内部的正统—异端（"俗儒"）之争，出于汉代，桓谭所谓"今诸巧慧小才伎数之人，增益图书，妖称谶记"（《后汉书·桓谭传》），张衡所谓"自中兴之后，儒者争学图纬，兼复附以妖言。衡以图纬虚妄，非圣人之法"（《后汉书·张衡传》），王充所谓"有神灵，问天地，俗儒所言也"（《论衡·卜筮篇》）。谶纬论在东汉之际为政治上正确的显论，判谶纬为妖妄论尚未成为官方意识形态，并未占有政制法权，隋以后才成为官论："王莽好符命，光武以图谶兴，遂盛行于世。……俗儒趋时，益为其学"（《隋书·经籍志》）。儒学内部之争与王官学的道统意识形态的嬗变，是纬书被判为妖妄之言的基本原因。众所周

---

① G. H. Sabine，《政治学说史》，T. L. Thorson 修订，盛葵阳、崔妙因译，北京：商务印书馆，1986，上卷，3-5页。

知,周室衰微后,道术分裂,直到汉际仍不稳定……秦统一中国,主要在政制层面,尚未及确立意识形态,即被汉所取代。汉承秦代政制,统一的意识形态并未确立又需要确立。① 自战国百家诸子之后,汉代思想的首要问题是,因应新的统一帝国重新整合出一套统一的思想:不仅帝国政制需要大一统,帝国思想也需要大一统。②

融构的说法当然还相当含糊,问题在于如何融构。认真说来,所谓融构不过是不同思想主张的知识人群体在争取政制法权时的思想建构。这种建构活动一方面要坚持本己的知识类型,另一方面又要兼采别的知识类型,以此加强自身的应时力。汉代之初,帝国统治者主信黄老,儒家的论说未有政制法权。以华夏国家礼制传承为在世担当的儒者,积极地想要恢复周制,开始了争取帝国统治者的活动。然而,儒家分派,政制理念必有扞格。史家多注意当时儒家与法、道家的冲突,对儒家内部的冲突关注不多。纬学本儒学,又被儒学判为妖妄,由此,我们必须关注儒家的内部冲突。

就儒学内部的论争来看,齐儒鲁儒之争是关键。齐儒鲁儒同为今文学,鲁中诸儒尚讲诵习礼,兵临城下还弦歌之音不绝;齐儒恢其驳杂,好言阴阳灾变,尚五行五德说,

---

① 参钱穆,《秦汉史》,台北:东大出版社,1992,65–121页。
② 参余英时,《汉代循吏与文化传播》,见《士与中国文化》,上海人民出版社,1987,129–150页;S. N. Eisenstadt,《轴心时代的突破:轴心时代的特征与起源》,见《国外社会学》,5 (1993),47–48页。

以推之于人事。① 齐儒鲁儒初以地缘文化风习之别，发展为儒学的思想类型和儒家政教文化理念之别。鲁儒重"亲亲上恩"，以礼学为主，注重伦理，关心家族礼仪和国家秩序的稳定；齐儒重"尊贤尚功"，以《春秋》为本，注重国家政治秩序的合理与否，倡天人感应、阴阳五行、象数论。② 叔孙通为汉定礼仪，聘鲁儒生三十人，以礼乐为汉帝国提供立国之基；董仲舒则对皇上大讲灾异祥瑞的天谴论，想以五德受命说为汉帝国提供立国的正当性。帝国之王采鲁儒还是齐儒的政教观，并无主见。武帝一开始并未采仲舒言，反而将言灾异的仲舒下狱。为何终于采董氏论说，如今已难知武帝个人如何想。帝王个人的偶然因素肯定有，只是今已难以考实。从政治法理上推想，也许汉帝国起于草莽，又是接过秦帝国的摊子，命受论可能更有吸引力。

纬书之兴，说法颇多。③ 从类型看大致可分为三种。首先是纬书家的说法：纬书是伏羲、黄帝、孔子或七十子等

---

① 徐复观以为，齐鲁之说乃唐晏"妄生枝节"，但徐的论点很弱，如说"《公羊传》中之有齐方言，无关于事实与大义"云。参徐复观，《中国经学史的基础》，台北：学生书局，1982，198-199页。齐鲁之分，王葆玹辨之颇详，参王葆玹，《西汉经学源流》，台北：东大出版社，1994，33-67页；亦参钱穆，《秦汉史》，台北：东大出版社，1992，204-208页。

② 参王葆玹，《西汉经学源流》，前揭，69-71页；孔子之后，虽称"儒分为八"，但就思想气质而言，不外两大取向：以孟子为精神楷模的理想主义，以子夏为精神楷模的"顺应社会实际和时代潮流以取得统治者的承认和重视的现实主义的方向"。参刘忆江，《说儒：兼论子夏学派的历史地位》，见《中国社会科学季刊》，15（1993），116页，齐儒鲁儒的气质差异与此相似。齐儒鲁儒的思想类型和儒家政教文化理念之别可能至今并未消弭，毛泽东批孔之礼乐论，是否可视为方士儒家对鲁儒的又一次颠覆，看来不会是一个臆想之题。

③ 钟肇鹏分十二类说，王令樾分四类说，均为文献家的分法。参钟肇鹏，《谶纬论略》，前揭，11-26页；王今樾《纬学探源》，台北：幼狮文化公司，1984，57-74页。

先圣先贤所造。这类说法显然是纬书家为了加强纬书的话语法权而造,经不起考证,但可视为纬书家自说的类型。

第二种说法是攻纬书家的说法:谶纬起于西汉末哀平之际,这种说法意在指纬书家伪造圣旨和圣人之法,孔颖达的说法颇具代表性:"纬文鄙近,不出圣人……伪起哀平。"(《尚书序正义》)与前一种说法相较,一远一近,教派的圣俗之别的话语法权之争昭昭然也。

第三种说法是:纬书源于周秦,成于西汉,盛于哀平。这种说法大都是后世文献家的说法,未顾及秦汉思想和政制理念冲突。可以确定的是,纬书的源与兴是两个不同的问题。所谓"兴",指成为国教,在国家的文教体制中占据要位,以致谶成为经,纬高于传。[1] 谶纬成为帝国法典,表明经书系统发生了改变,纬书"兴"之前,必有相当长历史时期的流布(源的问题),因为纬书"虽出前汉之末,以前学者,必相传有此说"。[2] 公羊儒学出于齐学,与谶纬学同源于邹衍,如汉儒所说,"邹衍以儒术干世主"(《盐铁论·论儒篇》)。顾颉刚也说"邹衍是齐色彩的儒家,他把儒家的仁义加上齐国的怪诞,遂成了这一个新学派"。[3] 齐国多方士,方士知识与鲁之礼教型知识的结合,就是方士儒。谶纬家今被人称"方士化儒家"时,多带贬义,是妖妄论的说法。然而在当时,方士、儒生的分别,至少对齐儒来说没有意义。儒之齐学与谶纬学很可能是平行发展的,并

---

[1] 参王葆玹,《西汉经学源流》,前揭,386-390页。王葆玹说谶纬之兴是西汉经学的衰相,也未脱妖妄论的影响。
[2] 甘鹏云,《经学源流考》,台北:维新书局,1983,292页。
[3] 顾颉刚,《五德终始说下的政治和历史》,见《顾颉刚古史论文集》,第三册,北京:中华书局,1996,260页。

无什么转出问题。纬书大谈皇、帝、孔子的无父感生说，而"圣人感生说"与"圣人同主说"在西汉已是今古文派论争的要点，且今文家的"圣人感生说"居主流（参王葆玄，《西汉经学源流》，前揭，330－335页）——文质之辨既为董仲舒所发，亦为纬论所倡。可见纬书家有其源流统绪，不是一时可以肇兴的。

董仲舒的《春秋繁露》是继秦国《吕氏春秋》之后的又一次思想整合。董仲舒主罢黜百家，独尊儒术，以此构成帝国的新王官学，由此，与七纬关系密切的齐儒思想，逐渐成为正统。秦汉之际，帝国转型，出现持续的制度论争。董仲舒以与谶纬关系密切的公羊春秋为帝国意识形态定音，乃是以方士儒术的政制信念立儒学正统。时过境迁，重礼乐的鲁儒随王朝之转移，把齐儒传统判为异端。谶纬论为刘姓帝国起于草莽，由匹夫为天子提供了正当性：

> 谶书始出，盖知之者寡。自汉取秦，用兵力战，功成业遂，可谓大事，当此之时，莫或称谶。（《后汉书·张衡传》）

鲁儒并不喜欢作这样的论证，更关心礼制的践祚。无论如何，齐儒与鲁儒代表了儒家的两种思想风格，齐儒重变革，可称为左派，鲁儒重秩序，可称为右派。判谶纬为妖言，实为儒家内部的话语权位之争，而且重要的是，谶纬妖妄说在汉帝国时并不具有政治法权，相反，谶纬论却有政治法权。随汉帝国政权的转移，以及国家政权之正当性诉求的转换,妖妄论逐渐取得政治法权。① 原因似不难勘定:谶纬论不适于帝国秩序已经趋于稳定之时。五德循环的政治理论,不仅对于帝王是危险的,对于文吏官僚也不利。一朝天子一朝臣,循环统治论会使文吏官僚失去稳定性。任何帝王都想坐天下以永世。五德终始论会引出受命—革命的正当性,以礼乐论为政治理论,就要安稳得多。所以,西汉皇帝一直对齐儒的神义论感到心里不踏实。

> 谶纬神学辄讲"革命""革政""五德"更代,在社会动乱之际有极大的煽惑力,受到野心家的欢迎,它使专制君王在民众眼中只不过是历史舞台上的匆匆过客。②

后来的帝王总对谶纬论感到不安,说明谶纬论的性质的确使帝国政制不稳定。王莽、刘秀都以谶纬论取得帝位,也都看到谶纬论对政权的颠覆性,故王莽"诏校定图谶"四十二篇,依国家法权统一和控制图谶。③ 自隋以后,华夏帝王以及以社稷为使命的儒生已知国家政权需要何种论说,历代都禁谶纬,乃自然之理。当权的儒生剥除经之纬,亦责无旁贷。儒家经典的国家法权化,看似自董子的独尊儒术始,其实始于石渠阁奏议和白虎观奏议。白虎观奏议最

---

① 参杨向奎,《西汉今文经学与政治》,见氏著,《中国古代社会与古代思想研究》,上卷,上海人民出版社,1963,241-290页。
② 吕宗力,《东汉碑刻与谶纬神学》,见《研究生论文集·中国历史分册》(一),南京:江苏古籍出版社,1984,85页。亦参胡宝国,《汉代齐地政治文化说略》,见《学人》,9(1996),476-479页。
③ 参黄开国,《论汉代谶纬神学》,见《中国哲学史研究》,1(1984),58页。

终以谶纬定经义,"专命礼臣,撰定'国宪',洋洋乎盛德之事焉!"(《后汉书·曹褒传》)

唐代帝王诏复位五经正义的工程,表明国家政制的正当性形态的转变,其时,华夏帝国开始了又一轮大一统的儒教国家的建构。儒家经典的国家化不仅是儒家与其他非儒家思想争夺思想法权的过程,也是儒教内部不同派别争夺思想法权的过程。隋帝令禁谶纬,显然与魏文、晋武和六朝帝王多以符谶篡位有关。儒教士内部也利用帝王需要,因而,解除谶纬化五经正义的历史颇为漫长也就可以想见:

> 凡不本经义者,谓之异端。则学者之宗师,百世之取信也。然其所载既博,所择不精,多引谶纬之书,以相杂乱,怪奇古僻,所谓非圣之书,异乎正义之名也。臣欲乞特诏名儒学者,悉取九经之疏,删去谶纬之文,使学者不为怪异之言所惑乱,然后经义统一。(欧阳修,《奏议集》卷十六:《论删去九经正义中谶纬札子》)①

欧阳修的奏议既表明谶纬说并未绝然禁毁,也表明儒家内部的思想取向的冲突未绝。然而,无论如何,谶纬妖妄论毕竟自隋以后成为官方儒学的一贯论调,这一论调在当今不仅与"五四"化启蒙论合,也与中国马克思主义意识形态同调,反谶纬的桓谭、张衡、王充成为唯物论思想

---

① 关于谶纬遭禁,参吕宗力,《两晋南北朝至隋代的图谶及其被禁绝的历史真相》,见安居香山编,《中国·韩国的思想·文学》,1996,243–301页。

家，遂为唐宋以来官方儒学谶纬妖妄论的另一版本。① 不仅如此，崇尚启蒙理性主义的中国思想史家劳思光亦说，"纬书思想至为荒谬"，其"内容皆为阴阳五行之说"：

> 荀子之后，心性之本义不明；从事儒学者各入歧途。其中遂有寻求宇宙论者，而阴阳五行之说逐渐侵入此类儒生心念中……乘势而以儒学正统面目自居，此所以汉儒背孔孟心性之精义，而取阴阳五行之妄言也。②

即便推崇儒家古典政治思想的徐复观，亦硬要让公羊论与纬论划清界线，称董仲舒"对公羊传的特殊见解，一转手而出现了许多有关的纬书，弘扬扩大……一直流传到近代公羊学的人，都未发现与公羊本义天壤悬隔"。③ 如此论说，与攻纬学的理据不同，与传统官方儒学判纬为伪的论调则如出一辙。

可是，何为妖言，至今还是儒学内部的论争焦点。由于谶多被视为妖言，当今公羊家断言说，谶为古文学，纬为今文学；以心学正统判纬为妖言，被斥为仅得"圣人一体"。④ 至于"五四"化启蒙论判谶纬为妖言，当然也会被当代公羊家判为妖言无疑了。可见，对纬书的研究，若不

---

① 侯外庐等，《中国思想通史·卷二·两汉思想》，北京：人民出版社，1992，225–247，254–261 页。
② 劳思光，《中国哲学史》，卷二，台北：友联出版公司，1981，14–18 页。
③ 徐复观，《两汉思想史》，卷二，台北：学生书局，1976，420 页。
④ 参蒋庆，《公羊学引论》，前揭，153 页；蒋庆，《政治儒学中的责任伦理资源》，见《公共论丛》，1（1996），257 页。

超出妖妄论,就不能越出儒学政治思想的内在纷争,进而分析儒学与中华帝国正当性的关系。顾颉刚、周予同虽以现代新文化思想为基础,超出今古文之争,以史家的眼光看纬学,但他们的启蒙论亦有如一种宗教思想类型,并刚好与隋以来的王官儒对纬学的评定相合,实际延续了儒教思想的传统内部冲突。日本人田成之倒能看得清些,他在著于昭和二年的《中国经学史》(东京1927年版)中以为,秦汉之际的政治、社会状况,需要知识人提供一种对时世的解说:

> 如果不能给予一种对于自然的形而上的说明的话,则无论哪种圣贤底教训,是不能传任何人底信仰的……传齐学的汉儒,看了此种时势底机微,巧附会经学以神意行政治,这实在是合时宜的通儒之所行。这种谶纬、阴阳、五行、灾异之说,从今日看,虽然妄诞可笑者多,但这是时世。不能说今日的科学的知识不会被将来的世界作如是观。①

当今撇开妖妄论,视"方士化儒家"为儒家的一种思想和政教理念类型,不受儒家内部思想之争的支配,对于儒教研究有重大意义。通过前面的梳理,已可大致看出,所谓左派儒教士是一种把孔子身位神圣化,以此提出一套政制理想并希望在制度上落实的思想类型,即所谓以神道设教和立国。他们所塑造的孔子形象带有神权政制的规导

---

① 本田成之,《中国经学史》,孙良工译,上海:中华书局,1935,147页。关于儒学的正统和异端,安居香山的论点与此相似。见氏著,《纬书与中国神秘思想》,前揭,1-8页。

性，与原始的孔子是否相符，并不重要。历史中存在过的孔子形象是由历史中的思想信念塑造出来的，并产生过历史的现实影响。这才是活的孔子，而非已死的孔子。可以设想，若没有两汉至今的各种孔子造像，孔子早已死定。如今，孔子若化身为教授，身着西装漫游全球布道，正表明孔子活着。把历代的孔子形象视为假孔子，就把一大堆颇值得探究的思想史问题撇开了。① 应该区分的不是真与假的孔子，而是原始的孔子与历史的信仰中的孔子，进而辨识历史的信仰中孔子的政教功能。至于孔子是否还值得信仰，则留给个体认信去决断。② 在某种意义上，历史中的孔子信仰，更值得研究。纬学、理学、心学的孔子，都是信仰的孔子，搞清这些不同的孔子信仰论的内在结构差异和家族类似，才是思想史的要务。

四、纬书家秘语式的神话性质臆解

自隋以后，纬论遭禁，由正统（当朝）儒学转位为在野（异端）儒学。在野儒学并非没有思想力量。

> 见于前代之禁，则知此种势力不可戢也。盖得国

---

① 耶稣基督的历史形象同样如此。近代以来，写耶稣传的著作汗牛车、充栋宇，不少论著的命意亦为还原耶稣的历史原相，这是由启蒙思想支配的。参 D. Strauss，《耶稣传》，吴永泉译，北京：商务印书馆，1981/1993。历史中的各种耶稣形象同样是真实的耶稣，参 J. Paliken，《历代耶稣形象及其在文化史上的地位》，杨德友译，上海三联书店，1997。

② M. Kähler 针对圣经历史学派提出"历史的耶稣"与"圣经中的耶稣"命题，同样适用于孔子研究。

者欲其久,受命者欲其固。而谶纬之在前世,既可受命,当然亦可移祚。故有国者,乃以谶纬之存在而妨碍其政权也。去之之法,唯有禁耳。①

然禁不能止,革命或改制都可借用:洪秀全的太平天国革命理据,实为基督教外衣的纬学;康子的改制,则可谓现代纬学的政治行动。因此,走出妖言之辨,下一步当是分析纬学思想的**话语品质**。

分析纬学思想的话语品质,首先得分开谶与纬。谶与纬不同,早期辑纬书者虽已强调,然而至今仍有争议。值得注意的是,主张谶与纬"只是异名同实"说的,大多是攻纬书家的论者,主张谶与纬有别说的,大多是支援纬书家的论者(参钟肇鹏,《谶纬论略》,前揭,2-11页)。原因很简单:谶多是占验吉凶的话语,的确文辞浅俗,不似高人之言。把谶与纬拉到一起,就可以达到贬纬书之效;反之,则可以保守纬书的儒性。

依我看,就话语的类型来说,谶与纬还是有分别的。钟肇鹏以纬书中有谶语证谶与纬无异,其实恰好反证谶语与纬语有别。从形式上看,谶与纬的分别根据是:

> 纬所以配经,谶所以辅纬,有主有从,区以别矣,谶纬既《六经》《孝》《论》而作,而《六经》《孝》《论》于古之书式,则有尊卑……《六经》策长二尺四寸,《孝经》一尺二寸,《论语》八寸,此盖汉人本经与传记之分,由策之大小而定也。经传之简策既有

---

① 吕凯,《郑玄之谶纬学》,台北:台湾商务印书馆,1982,229页。

大小，谶纬之书式从而亦有尊卑。纬以配经，其书工不得同于经，故降而传。谶以与传，则其书式当更等而下之矣。（王利器，《谶纬五论》，前揭，75–76页）

从内容上看，谶与纬的分别根据是：

> 就其著作而言，谶用了《经》的形式，纬书则是经书的辅助性文献；就其出处而言，谶书多假称是天帝诏命之符，纬书则托是古代圣人的作品；就其思想内容而言，谶书多是关于改朝换代的充满神秘色彩的预言，纬书则多少有些自然科学和哲学方面的思想。就其思想价值而论，则纬胜于谶；就其历史影响而论，则谶胜于纬。（王葆玹，《西汉经学源流》，前揭，384页）

此外，谶语的历史也比纬语长远得多，有经后才有纬，谶则并非如此。谶与纬无异说的误识关键在于，把今文齐学的灾异论与谶的占验吉凶说等而视之，如吕思勉所说，不知"阴阳灾异，则与谶绝非一物"。[①] 不过，谶是有政治煽动性和预言吉凶的俗语，纬则是附经的政治法理、社会伦理和自然理则的论说，两者可合可分。安居和中村的说法较为妥帖：纬书有广义和狭义之分，广义的纬书指混谶及其他术数之书，狭义的纬书指七纬：

---

① 吕思勉，《吕思勉读史札记》，上卷，上海古籍出版社，1982，749页。从时间上说，"谶言的结集，当不会晚于西汉中叶"。参吕宗力，《东汉碑刻与谶纬神学》，前揭，68页。纬书的结集，显然要更晚一些。据李学勤的考辨，焦赣、京房都通习过纬书，则纬书的起源至少早于西汉中期。参李学勤，《古文献丛论》，上海远东出版社，1996，257页。

从总体上看纬书，可以将它们大致分谶类和纬类二类。所谓谶类，即预言未来的一类，在纬书中大半指天文占卜之类，同时也包括例如古帝王传说之类的史事谶。纬类则与此不同，它是解释经文的一类，七经纬即属此类。①

纬书的造作和整理者不像现代的学者那样有清楚的"专业"意识，谶纬相混的情形很自然。但在今日的研究条件下，就不能不有所区分，重要的是区分的判准经得起推敲。安居和中村对《论语纬》（谶）的辩证表明，这种区分标准是可行的。（参安居香山、中村璋八，《纬书集成·解说》，前揭。）谶语的语用域主要在现实政治生活方面，迄今，百姓们的日常生活还与此有关。② 每到闰年，各种政治预言以观天灾而纷然杂陈，这是天人感应的日常生活层面。狭义的纬语的语用域主要在政制和文教制度方面，如前所述，论说者主要是些我称之为左派儒教士的高儒。吕思勉有说谶一语颇精当：

> 所谓谶者，亦家人言耳，无与于国家兴亡之大也，有国有家者，偶或以此自神，则亦如闾里之小知者之所，所言者特一姓之事，未有能知历代兴亡、帝王统绪者。其有之，则自西京之末始也。（《吕思勉读史札

---

① 安居香山、中村璋八，《纬书集成·解说》，前揭，68页；亦参氏著，《纬书与中国神秘思想》，前揭，13－15页。李威熊持同样的分法，参李威熊，《中国经学发展史论》，上卷，台北：文史哲出版社，1988，136页。
② 参葛兆光，《"时空通书"的意味》，见《读书》，1（1997）。

记》,前揭,741页)

任何时代的当政者自然对后一种纬语更当心,而左派儒教士们的精神就在于,一如既往地以此思想话语编织中国政制和文教制度的织体。因此,从政治理论研究的角度看,谶与纬分而论之确有必要,以便得以深入探析左派儒教士关于中国政制和文教制度的话语品质。

纬书话语的品质究竟是什么?

冷德熙博士的《超越神话》一书提出的分析性论点是:纬书话语的品质是一种政治神话。冷著采用了三种理论视角来阐释纬学的神话思想形态:神话学理论、比较宗教和政治学理论。不过,这三种理论分析工具的运用并不平衡,也未能有机地形成连贯的解释。其中,神话学理论运用最多,对采用的神话理论的来源也多有说明;在比较宗教理论方面,并未能充分汲取比较宗教学的理论成果,只有一些感想性的观察比较;至于政治理论的透视就更为单薄。总体来看,冷著基本上以神话学理论为张本,将纬书定性为"政治神话",偏向神话学的分析,而非政治理论的分析。

从神话论角度论析纬书,表明作者受到顾颉刚、周予同两经史学大师的启蒙观念影响。有所推进的是,"五四"化的启蒙论受到抑制,神话的含义不再简单地等同于迷信,而是被视为一种原初的文化形态。可是,论者依然持启蒙哲学的思想阶段论(而非类型论),以为哲学思维高于神话思维。似乎,人类历史的思想是一个演进过程,神话是初级(等于低级)阶段,哲学(理性)是高级阶段。于是,论者得出一个基本论断:在其他文化圈,文明(或宗教)的开端经历的是对古代原始神话的"突破",此后,神话在史前社会作为意识形态的功能就得消失,只以文学或宗教形式继续存在;中国的情形相反,春秋战国时期诸子学对王官学的突破是政治和哲学的突破,而作为较成熟和系统的神话的纬论,却"出现于政治和哲学以诸子学的形式突破了春秋之前的王官学之后"。①

这种比较论述似是而非。旧约包含有神话(尤其创世神话),并未被希腊、罗马哲学突破;新约中的耶稣基督由神而人的事件,亦被视为神话,恰出现在所谓希腊、罗马的哲学突破之后。② 所谓突破说的解释力相当脆弱,其原因在于,启蒙哲学的思想阶段论同样是一种迷信。哲学形而上学的思想高于神话思维的论点,是启蒙时代实证主义论者的观点,尤见于孔德著名的思维三段论:神话思维—形而上学思维—实证思维。③ 19世纪末、20世纪初,洪堡、狄尔泰、舍勒、韦伯的文化类型论已对思想阶段论给予了摧毁性的批判——舍勒甚至尖锐指出,孔德的论点是西方思想中心论的表现,④ 由此三段论论析中国古代思想,必将导致许多似是而非的结论。

即便从现代神话学理论的论点来看,神话思维也被视

---

① 冷德熙,《超越神话:纬书政治神话研究》,前揭,146页。
② 参 R. Bultmann,《新约与神话学》,见刘小枫编,《生存神学与末世论》,李哲江、朱雁冰等译,上海三联书店,1996。
③ A. Comte,《论实证精神》,黄建华译,北京:商务印书馆,1996,1-34页。
④ M. Scheler,《论知识的实证主义的历史哲学:三级规律》,见《社会学与世界观学说文集》,Bonn,1986,32-34页。

为一个思想的类型而有其独立的意义。① 结构主义神话学理论以为:

> 如果我们想把巫术归结为技术和科学演进中的某一时期或某一阶段的话,我们就会失去理解巫术思想的一切可能……不要错误地认为,在知识演进史中,神话与科学是两个阶段或时期,因两种方法都是同样正当的。②

神话哲学家卡西尔亦指出,把思想的真正目标看作区分纯粹的事实与神话或形而上学,只是实证主义的知识主张,这种主张依然保留了神话和形而上学的因素和形式。孔德的体系本身也成为一种神话——宗教。

> 因此,在理论意识与神话意识之间,并没有孔德"三阶段规律"所坚持的那种断裂,没有鲜明的时间分界线……科学长久以来保留着原始神话的传统。③

卡西尔还恰切地提出,应当注意现代政治文化中"理性化"了的政治神话。在现代社会的政治文化中,政治神

---

① 列维-施特劳斯,《神话与意义》,见叶舒宪编,《结构主义神话学》,西安:陕西师范大学出版社,1988,72-86页。
② 列维-施特劳斯,《野性的思维》,李幼蒸译,北京:商务印书馆,1987,18页,29页。
③ 卡西尔,《神话思维》,黄龙保、周振选译,北京:中国社会科学出版社,1992,6页。

话并没有消失，只是形成（话语）的样式有所改变而已。①从这一意义上看，研究纬书，当不是要超越神话，而是理解神话，其目的不只是理解上古政治思想，也是理解现代政治文化。分析纬书话语，重要的不是去揭穿其神话语式的所谓假象，而是锁定其在从古至今的政治思想演化中的论述位置。

这就需要采取类型论的分析，在比较宗教学和比较思想史上，类型论早已成为一种重要的探究方法。② 比较思想或比较宗教研究，采取类型论而非演进论，不仅关涉是否以西方思想为中心，而且关涉人类思想在根本方面的一些悬而未决、也许不可能解决的问题，此不遑论。这里要提出的是，在中国思想史论领域也值得建立类型论的分析范式，即把经学、纬学、心学、理学、道家、佛家的思想话语冲突置于类型论中来分析。这也就要摒弃与启蒙神话论相关的所谓"哲学突破论"。

哲学突破论出于雅斯贝尔斯广为人们引用的所谓"轴心论"。他说，公元前800年至公元200年间发生了一场精神突变，其标志是人类开始感到自身作为一个整体的存在以及自身能力的限度，从而提出了一些根本性的问题。

> 不同的道路全被试探过。从争辩、党派偏见和理智上的分裂（尽管在同一观点内），导致了骚动和不安，接近于精神纷乱的情况。……神话时代的宁静心

---

① 参卡西尔，《我们现代政治神话的技巧》，见氏著，《符号、神话、文化》，李小兵译，北京：东方出版社，1988，190-209页，尤其201页以下。
② 参E. J. Sharpe，《比较宗教学史》，吕大吉等译，上海人民出版社，1988，126-155页。

情和自明真理从此终结。这门斗争——反对神话的斗争的开始——根据合理性和经验性;这也是反对魔鬼独占神座的战斗的开始,道义的愤怒激起了反对伪神的战争。但当像这样的神话被粉碎的时候,神话随即开始变形而且被注入更奥秘的意义。①

于是,据说人类"第一次有了哲学家"。

雅斯贝尔斯的论点受启蒙思想的进步论支配,与孔德的思维阶段论大同小异。此外,尽管他想通过"轴心"概念为人类思想历史"提供一种共同的历史观点",但他仍然以西方思想的因素为判准(所谓"合理性和经验性"),描述上也似是而非,颇为夸张("道义的愤怒激起了反对神的战争")。雅氏提出的"轴心"时代概念,很容易让人信以为真,其实,用于解释历史中的思想,效力相当有限。

社会学的突破论出于帕森斯对哲学突破论的复制,偏重社会分化问题。艾森斯塔德随之也把"轴心"时代的哲学论题转化为一个历史社会学的论题,以韦伯的"超越秩序与世俗秩序的基本张力"论,取代雅斯贝尔斯相当华而不实的哲学突破论。超越秩序的出现据说是轴心时代的基本特征,以此对人的社会存在(现世秩序)和宇宙秩序给出有理由的解释,进而弥合两种秩序之间的张力。这里的要害是:出现了论证现世社会制度的正当性的需要,负担这一论证的是知识人阶层(长老、先知;智者、哲人;巫师、诸子)。由此引出的课题是,考察各文化圈初代知识群的形

---

① 参 K. Jaspers,《人的历史》,见田汝康、金重元编,《现代西方史学流派文选》,上海人民出版社,1982,39 - 40 页。

成、类型及其转变,由此搞清社会制度的重新安排、价值理念与政治权威之间紧张关系的解决、社会等级制的构成、社会冲突的新样式等等。这里的关键问题是知识人类型、思想论说、社会制度三者之间的关系:

> 超越秩序与世俗秩序之间的此种张力概念一旦制度化,便与政治精英的转变联系起来,并将新的学者阶级变成主要统治联盟和抗拒运动的较自治的伙伴。从这个制度化进程中产生的新类型的精英,与前轴心时代诸文明中曾经作为礼仪、巫术、神事等专家的精英在性质上截然不同。新的精英,即知识分子与传教士,是按照独特、自治的标准得到补充和获得合法化的,并在有别于基本先赋单元的自治的环境中被组织起来。此种精英要求自己潜在地是全国范围的身份意识。该精英还趋于变得潜在地独立于其他的精英范畴和社会群体。然而与此同时,该精英又同这些范畴和群体进行激烈的竞争,尤其是为了象征与沟通媒介的生产和控制进行竞争。[①]

这里的所谓突破,意味着思想秩序和社会秩序的分别重组,以及两者关系(超越秩序与世俗秩序)的特定样式的确立,既没有雅斯贝尔斯所谓哲学的理性突破,也没有所谓与伪神的正义斗争,相反,强调的是知识人阶层的分化和从此开始的激烈竞争,以及(从世界范围来看)制度和思想

---

① 参 S. N. Eisenstadt,《轴心时代的突破:轴心时代的特征与起源》,前揭,46 页。

取向的多元性。在这种突破论看来,比所谓的理性成熟更重要的问题是,社会制度重新安排及其承担制度正当性论证的知识人的类型学分析。

冷著依靠雅斯贝尔斯的哲学突破神话论,故有这样的论点:"先秦社会关于圣王的政治理想在汉代社会不但没有获得理性方向的丰富和发展,反而变形为一种怪诞的对现实的抗议形式和批判形式——纬书政治神话形式。"(冷德熙,《超越神话:纬书政治神话研究》,前揭,82页。)《春秋繁露》与先秦的宇宙构成论(易传)和宇宙生成论(庄子)"相比不能不说是一个思维水平上的跌落。……更严重的坠落还表现在从宇宙论哲学走向纬书神话、纬书创世纪神话"(同上,62-63页)。与希腊思想相比较,论者以为,希腊思想是从神话到哲学,纬书则是从(先秦)哲学倒退至神话(同上,76页)。这些论点显然都颇成问题。就思想史研究而言,需戴一副眼镜(某种理论)来看古文献,不然恐怕看不出什么名堂,只有罗列资料,无法提出分析性的认识。但眼镜若没有戴对,所见也会失之千里。冷著戴的是哲学突破论的眼镜,无论是中西比较还是对秦汉思想的辨析,都成问题。①

就纬书话语的性质来看,问题涉及的首先是秦汉之际华夏帝国政制安排的重大论争和政争。政制安排的重大论争发生在东周帝国政制式微、列国争雄之时。列国争雄不

---

① 余英时利用社会学的突破论来解释诸子学的出现就颇合当时美国的主流社会理论:官师政教合一的王官学被诸子学突破,道术为天下裂,官师治教遂分化为两途,知识人以担道者自居。参余英时,《古代知识阶层的兴起与发展》,见氏著,《士与中国文化》,前揭,26-33页。在汉以后,情形是否如此,则另当别论。

仅是政治霸权之争，也是政制理念之争。① 而这些政制理念之争又与帝国知识人的分化以及新型知识人随社会变动的兴起有关，个中情形之复杂，殊难理清，自不待言。阎步克的《士大夫政治演生史稿》以现代社会理论的分化论为分析工具，考察了秦汉知识人与帝国政治的关系的一个基本方面。阎著的分析性论点接近余英时提出的道统与治统的紧张论，以此展开对士阶层的历史社会学分析（参余英时，《道统与政统之间》，前揭，109－111页）。春秋后期和战国时代，作为知识人的士阶层和作为统制官僚的吏阶层分化发展；秦帝国的统治理念和实践是官僚治国，遂与儒生的治国理念发生冲突。汉代秦后，儒生积极参政，希望实现其德治的理想。尽管儒士内部就何为教化德治亦有纷争，但在国家实行教化德治上，却是一致的。然而，汉承秦制，官僚政制及其官僚势力仍然保存下来，刘邦起事时的部队中就有不少吏是骨干；在汉帝国的历史建构过程中，儒生们想要革秦制、复三代德制的参政，就与文吏发生了冲突：

> 实行文吏政治的秦帝国是中国古代大一统官僚帝国的发轫之始；而汉儒的努力，却最终使得儒生加入了政权，使儒术变成王朝正统意识形态，帝国政治文化模式的变迁因之而发生了。②

儒生占有了治国的支配权，形成年逾千祀的士大夫政治制度，成为官僚的儒生才是士大夫。士与大夫之间有一

---

① 参振镐，《齐鲁两国建国方针之比较研究》，见《东岳论丛》，5（1986）。
② 阎步克，《士大夫政治演生史稿》，前揭，301页。

种紧张关系,因为士总有某种世界观理念,不同的世界观理念就有不同的士类型。儒士是何种类型?教士类型。儒士以承天道、执教化为己任,其政治理念是建构教化之国。董仲舒说得清楚:

> 教,政之本也;狱,政之末也。①
>
> 王者承天意以从事,故任德教而不任刑。刑者不可任以治世,犹阴之不可任以成岁也。政而任刑,不顺于天,故先王莫不肯也。今废先王德教之官,而独任执法之吏治民,毋乃任刑之意兴……南面而治天下,莫不以教化大务。立太学以教于国,设庠序以化于邑,渐民以仁,摩民以谊,节民以礼,故其刑罚甚轻而禁不犯者,教化行而习俗美。(《汉书·董仲舒传》)

这些话语中透露出的政制冲突和政治论争的意向再明显不过了,用现代的话说,董子是在皇上面前告某类知识人的黑状,建议皇上整肃他们。汉儒从教化之国的政治理念来推行政制安排和制度改革,故与主法制立国的法家之士和秦制帝国的文吏发生冲突。汉儒对秦政的攻击被阎著概括为:

> 秦帝国政权,缺乏使权益分配合于"仁义"之最高道义原则的指导,缺乏足以"辍万民之心"的礼乐教化,缺乏能够约束君主、纠矫失误的规谏机制;最终,其弊政被归结为缺乏一个能够同时承担道义、教

---

① 苏舆,《春秋繁露义证》,钟哲点校,北京:中华书局,1992,94页。

化和规谏之责的君子贤人集团。①

儒教士因此是一宗教化的士生体,其宗教旨趣定向于作为民族体国家的华夏帝国的礼乐化,即维系天道与华夏民族体国家的关系,而不是像佛教、基督教那样关注个体生存的偶在和脆弱。如余英时所谓,中国的"道"据于礼乐传统,重安排人间秩序,"因此中国古代知识分子一开始就管的是凯撒的事"。② 从宗教建制上看,儒教士生体只有成为大夫集团,才能达成组织上的建构,并实现其宗教理念。

儒教士有一些共同的特征:以周公或孔子和其他先圣为精神楷模,倡以德教立国的政制理念,以及我命与道义之天有特殊关系的教士身份意识。德教之制具体说是三代之制,这种制度被神圣化为一种宗教性的文质并彰的制度,所谓宗教性是指这种制度与天的固定关系。儒教士对天当然有自己的看法,这就是道义性的天。③ 但如前所述,儒教士早已分裂,在汉帝国有齐儒鲁儒之分,鲁儒重复礼制,齐儒重损益礼制,以《春秋》当新王。儒教士内部关于以德教之制立国也有争议,实质差异在于,鲁儒的德治理念定位于历史已然的王道之治,因此谓右派儒教士;齐儒的德治理念定位于历史未然的王道之治,因此谓左派儒教士。所以,齐儒重受命改制说,张制度创新论。这里,左派右派之分不是一个价值评判式的分法,而是思想气质类型的分法。

---

① 阎步克,《士大夫政治演生史稿》,前揭,324 页。
② 参余英时,《道统与政统之间》,前揭,107 页。
③ 参许倬云,《先秦诸子对天的看法》,见氏著,《求古篇》,台北:联经出版公司,1994,423–425 页。

从知识人的阶层论或社会角色论来研究纬书家的历史社会构成及其性质，必得定位于儒教内部的思想和政制理念冲突，因而与儒教士同主法制立国的法家之士和秦制帝国的文吏之间发生的冲突不同，但又有关联。纬书是由一些知识人制造的。按现今的研究，这些书写人的身份至今未明，只知道是托孔子之名造作，仅此可知也是儒教士。① 但他们是哪一类的儒教士？吕宗力细致考辨出纬书与《尚书大传》《春秋公羊传》和董子《春秋繁露》话语的一致性，钟肇鹏细致考辨出纬书与董生公羊论、齐诗家和孟京话语的一致性，可见纬书家是今文家中的左派。② 曹褒向皇上告发，叔孙通《汉仪》十二篇"多不合经，今宜依礼条正，使之可行"。蒙皇上恩准，曹褒据纬语条正，"撰次天子至于庶人冠婚吉凶终始制度，以为百五十篇"（《后汉书·曹褒传》）。可见纬书家与鲁儒的德制理念是不相融的。不过，今文家并非都崇纬语，廖平喜穀梁，对纬语的态度就与康子有别，其门人蒙文通亦言：

> 儒鲁人之学，言六经，墨亦鲁人，言六经。经术盛而墨亦颇合于儒，墨学之徒胡非、隋巢之属，其著书佚文之可见者皆流于礼祥，是尤墨子天志、明鬼之说，汉人传六艺，其流有纬书，经义之外，皆属礼祥，殆墨学之徒为之也。墨学本为宗教，故纬书备言孔子

---

① 陈槃考纬书颇详，但在辨识纬书作者条下却乏善可陈。参陈槃，《古谶纬研讨及其书录解题》，前揭，161 - 164 页。

② 参吕宗力，《纬书与西汉今文经学》，见安居香山编，《谶纬神学的综合研究》，东京：国书刊行会，1984，397 - 427 页；钟肇鹏，《谶纬论略》，前揭，116 - 139 页。

能前知，受天命，号素王，孔子于此几一变而为教主。即汉之经师，亦多喜言灾异，赖儒生多排斥之，故孔子不入于宗教之列，此诚文化上之一大事。邹衍言阴阳，而归本于仁义节俭，同于墨子。后人多以纬书为邹衍之学，而未知其实墨学也。殆邹氏亦墨学之别子也。(蒙文通，《论经学遗稿三篇》，前揭，152页)

这一论点表明，今文家内部的思想论争和派别颇为复杂。倘若今文齐学与纬学同源，并有诸多一致之处，但两者又不是一回事，区别何在？首先，纬书话语的神圣性程度高于今文齐学。比如，与经的关系和述者的身位就不同：经学的主体实际围绕传展开，公穀两派的论说以《公羊传》和《穀梁传》为依据，而传本身已是对经的解释性论说，依传而说经，就是卑位而说。纬则是直接配经的，地位就不会低于传，遑论纬书多托名孔子所作，地位就可与孔子作《春秋》和《易传》看齐了。(参王葆玹，《西汉经学源流》，前揭，391-392页。) 孔子造《春秋》还是传《春秋》，乃今古文一大争端，涉及圣统秩序和政制安排的正当性资源的不同取向。① 此外，对勘今文齐家的文气与纬书话语的文气，可见纬书文体鬼气靡靡，所谓神章灵篇。据文献家说，纬书多以三言为题，与三楚风有缘，楚人信鬼神，文有巫风(王利器，《谶纬五论》，前揭，80-81页)。用现代话说，就是有浪漫气，其政治文化的风格亦可谓浪漫化。最重要的是，由于其政制话语的神圣身位比今文齐学还高，纬书话语比

---

① 参陈燕谷，《汉代今古文经学的春秋观》，见《学人》，2 (1992)，27页以下。

今文齐学更有话语的神圣权位和政制法权。纬书家也就是以此准孔圣身位大谈政制理想和伦理秩序的一类儒教士,可以说是左派儒教士中的极左派。另一方面,纬书话语确有鄙俗性。既然纬学是儒教与方士型知识的融合,则今文齐学是原初儒生兼采方士型知识,纬学可能是方士采儒教型知识。儒生与方士的身份和教化类型本是不同的,后者属于所谓神仙信仰一类,文辞"鄙俗"不过是不同于儒经文风而已。① 无论如何,纬书话语是一特定的儒教士群体的语式:纬书神话叙述和托圣人语态既是纬书家的思想类型的表征,亦是政治文化冲突中的竞争方式,不能把托圣人语态和神人系统及其历史谱系神圣化仅看作是加强政治文化冲突中的竞争力的一种策略,它也是一种政制思想信念的表达——神权政制的诉求。参照古希腊神话系统来分析纬书中的圣王叙述,清理出纬书的圣王神话谱系,对中国政制思想的论争结构及其嬗变的透视意义不大。②

五、有"批判精神"的知识人?

纬书既然被视为中国政治文化中的神圣政治论,与政治文化有过于紧密的关系(古代各种思想又何曾与政治无关?),

---

① 据说,"纬书作者的学术水平都较低,他们作纬书的主要手段就是抄撮,所以不但全书不成系统,而且前后矛盾之处也不少"。王铁,《汉代学术史》,上海:华东师范大学出版社,1995,236页。
② 编织神话谱系说是顾颉刚、周予同已做过的一大功夫。参顾颉刚,《三皇考》,见《顾颉刚古史论文集》,卷三,前揭;周予同,《谶纬中的皇与帝》,见《周予同经学史论著集》,前揭。冷著在系统性方面则有相当进展。

那么从政治哲学来分析纬书，就会更贴近一些。前面的论析已大致勘定：纬书话语与今文家中的齐学一路同为左派儒教，但前者比后者更具神权形态，这一点值得进一步分析。左派儒教士的共通性是提倡神权性的德制国家，国家政制的正当性来自道义之天。纬书家和今文齐学家同为左派儒教士，在这一问题上的看法就是一致的。但若说纬书家是左派儒教士中的极左派，那么在以周公或孔子和其他先圣为精神楷模、倡以德教立国的政制理念，以及我命与道义之天有特殊关系的教士身份意识等方面，就有差异。这里，问题的关键在于对天人关系的具体规定，以及由此规定引出的教士身份意识的神圣程度的差异。

天人关系说是中国思想史上的重要论题。由于理学、心学化用佛理，尤其是现代熊十力至牟宗三的新心学，庶几使天人关系论完全成了哲学神秘主义式的玄论。这固然是天人关系论的一个重要方面，但不是唯一的方面。从历史和社会的形态看，天人关系说有三个层面：哲学的（理学、心学）、政治理论的（今文经学、纬学）和日常生活的（运程学）。哲学的（理学、心学）天人合一论只是儒教士的个体心性之认信，在现实社会中，天人关系论的政治理论（今文经学、纬学）和日常（运程说）话语，则涉及政制安排和日常生活安排，不是个体性的，而是制度性的，并没有那么神秘玄奥。冷德熙梳理天人学说的第二层含义时恰切地指明："天"具人格性，即由天皇耀魄宝和五天帝所主宰的神灵，具有自然主宰和道德主宰之意涵。

> （周人）已经感觉到了超越性的天对现实政治生活的制约力量……明确地将这种由天之意志决定的王权

的兴替与转移称为"天命"。……作为自然主宰与道德主宰的天,一方面为一定的政治形态提供了存在合理性的依据,同时也以价值仲裁者的形式成为这种政治形态的制约力量。(冷德熙,《超越神话:超越政治神话》,前揭,214-215页)

在纬学中,天对现存政制的合理性的肯定表达是"符瑞",否定表达是"灾异"。这是纬书家与今文齐学的一致之处,因而纬学的重心不在神话学,而在历史的神权式政治论:

> 纬书天人关系思想成神话、成政治神话的根本原因,是无论符瑞(瑞应)还是星象灾异都是纬书中天帝与人王相交通的纽带,就所见的纬书文献而言,可以说如果没有这个纽带,天帝与人王的交通就是不可能的。(同上,223页)

符瑞灾异论因此是神权式政治学的核心,它有两个方面:政制的运作依据和帝王之位的法理依据。前者指天与时政纲领的依赖关系,后者指天与君王(及臣)的责任关系。天与时政纲领的依赖关系的根据是法天。"阴阳五行说的政治原理之一是法天;而时序轮转,就是天道的主要表现;因而政治措施自当与时序轮转相配合。"①就《淮南子》

---

① 参孙广德,《先秦两汉阴阳五行说的政治思想》,台北:商务印书馆,1993,179页。孙著与冷著同为博士论文,冷氏出于哲学门,孙氏出于法学门,专业训练使两者的关注点殊为不同。孙著没有采用某种大论述(如冷著中的神话学理论)为分析工具,只依政治学的学科范畴来论析纬学,对"天"的释义也与冷著相左——由此可以看到当今哲学理论对思想史研究的误导性。

与董子的法天理论对勘,可以看出,所谓法天,主要是顺应阴阳时序,并没有多大神秘色彩。天既具有自然法理的性质,又具有意志性的道义性质——"天意有欲也,有不欲也"(孙广德,《先秦两汉阴阳五行说的政治思想》,前揭,页81)。这里,天的有意志或无意志谓词实际上相当含糊,至少与今人对意志的理解不同。若撇开"天"的品格的哲学推想,专注于作为阴阳时序之天与行政的关系,就可以勘定天人关系的政制含义:一年四季之政的依据是推行木、火、金、水四德,行政中的责罚刑杀,就是为了尚德。

政治措施与时序轮转的配合,通过明堂位、时政纲领和休咎之征来实现。明堂是依时序施政的场所,主政者因时节不同,居于明堂的不同方位。明堂是古制,不同时期有不同的功能。

> 依阴阳五行说所设计的明堂,不管是哪种,其建构都会有许多意义,而成为一个神圣的场所。天子施政的时候……不敢大胆地违背阴阳五行家们依时序所拟定的时政纲领。(同上,191 – 192 页)

所谓时政纲领,指依时序拟定施政纲领,明确规定应行和不应行的事。当今,香港的某些年历在公历之下仍配以"宜:出行、动土、举丧"或"忌:迁徙、出行、婚嫁"之类,是个人日常生活法天的时事纲领。符瑞灾异论的依时序拟定施政纲领,不过是国家性的行政举措(治堤防、动农作、授禄位之前先查天时)。至今,人们还可以从电视中看到择时出台春耕秋收时节政府的动员令或举办政事文制会议,恐怕都是依时序拟定施政纲领的遗风。依时序拟施政纲目分依四季、十二月和八风三种,施政最主要的项目是农事、刑狱和兵事。农事依时令可行,刑狱和兵事就不一定了。因为个人的犯罪不一定依时序而为,集中在某一段时节发生,若依时节办案,就过于拥挤(同上,211页)。休咎之征是针对"淫佚不能尚德"的时君而设的一套奖惩举措。时政纲领由行政官僚具体提出,时君世主不按此办理,就有惩,按此办理就有奖。休征与咎征表现在天候的变化、自然植物的枯荣、人身的疾康寿夭和社会生态(国泰民安或盗贼兴起、边防吃紧)上,这就与祥瑞灾异的功能相似:休征是天候的变化正常,有益;咎征是天候的变化反常,有害。祥瑞灾异说因此被看作是休咎征说的延伸,其最终目的是令君主戒慎,不敢滥权妄为——"休咎之征的最终依据是天人感应"(同上,218页)。这样说来,持祥瑞灾异政制论的今文齐家执政后也不过成了统治官僚,与其他类型的官僚只是在统治法理上有所不同。祥瑞灾异政制论的政治质态并非是一种现代意义上的责任伦理式政治,既然休咎之征是针对"淫佚不能尚德",其政治质态乃是天人感应的天意式政治。

从统治法理上看,祥瑞灾异说与国家正当性的关系是区别今文齐家的政制理念与今文鲁学的关键。国家正当性的论证形式关系到政权的转移,秦汉之际是古代中国的政制正当性位移之时,政权的变动因此也不稳定。祥瑞灾异说不仅是一套行政举措,也是国家正当性的论证法理。因而,关键在于,祥瑞或灾异如何发生及其与政权的正当性的关系究竟是怎样的。今文学齐诗家翼奉说:

> 人气内逆,则感动天地;天变见于星气日蚀,地

变见于奇物震动。所以然者,阳用其精,阴用其形,犹人之有五藏六体,五藏象天,六体象地,故藏病则气色发于面,体病则欠申动于貌。(《汉书·翼羽传》)

天地灾异是因为对人气有所感,祥瑞灾异说的国家正当性论证法理因此基于人体、人世、天地三者同构共感,同类相动。按此,祥瑞灾异说的国家正当性论证法理是自然性法理的道义性延伸:祥瑞灾异作为政权的正当性或非正当性的显示标识,既是自然性的(日月星辰、时节季候的变化),又是道义性的(仁或不仁、有德或无德)。在这种国家正当性论证法理支撑下的政权显然极难稳定,与受命或革命的理则联系起来,就会引出人意化的神权政治:

> 初受命有受命之符,而如宣帝这般非以正常程序的继体嗣君,则亦以受命之符强调其正当性。至于政权成立之后以迄次一政权代之,天子有善政,则应之以祥瑞嘉佑,有败政应之灾异。祥瑞与灾异皆发之于人而应之于天。①

由于自然性现象与道义的联结根据在此世、人气,祥瑞灾异说实质上是天义论形式的人义论。"天何言哉,四时行焉。"若四时有异,就是天出谴言,谴言的解释者是人,具体说,就是儒教士。通过这种解释权,左派儒教士可以对国家政权有支配权。依据董子"国家将有失道之败,而

---

① 王健文,《奉天承运:古代中国的"国家"概念及其正当性基础》,台北:东大出版社,1995,254页。

天乃先出灾害以谴告之。不知自省，又出怪异以警惧之。尚不知变，而伤败乃至"之言，沟口认为祥瑞灾异说实际就是"天谴论"，这只是看到祥瑞灾异说的国家正当性论证法理的一个方面。①

> 灾异是一种天地间阴阳之气流行的异样状态，而阴阳之气的流行，周行于天地人之间，通天下一气，人气之变可以影响整个天地间气的流行状态。②

但人气与天相感需要解释，谶语纬说就起这种解释功能，由此才可能通过解释了的天意给予天子以正当性。在此意义上，可以说左派儒教士是人气、天象与政制合法性之间的解释者，他们既通人气，又识天文（象），但立足点是关注本朝政制的尚德与否。

据现代史家说，在中国历史上，只有西汉时有过知识人以自然法则的信仰向政权挑战的个例，此即天人感应说。③ 于是，今文齐家和纬书家的政治话语被视为知识人批判精神的表达。可是，知识人批判精神源于启蒙运动，无论中西方，在我看来，批判精神都只在启蒙运动之后才有可能。在此之前，思想和政治论争是常有的，但这是政治的纷争，而非出自哲学理性反思的批判。所谓知识人批判精神的出现，依赖于两个条件：在思想层面，辩论推理成

---

① 参沟口雄三，《中国的思想》，赵士林译，北京：中国社会科学出版社，1995，10–12页。
② 王健文，《奉天承运：古代中国的"国家"概念及其正当性基础》，前揭，255页。
③ 参许倬云，《秦汉知识分子》，见氏著，《求古篇》，前揭，498页。

为思想论争的基本原则,不诉诸超越性的或经验理性之外的权威;在社会层面,知识人的身份与政制在理念上的分割,这种分割并非指陶渊明式的在朝去野或今人所谓道统与治统的分离,而是知识人在制度上的自为状态。说希伯莱先知、基督教士或儒教士有批判精神,都过于夸张。这些政治和思想论争,都是在一种"家族类似"的知识系统中的纷争。

说祥瑞灾异论具有民主的约束君主的精神,同样是夸张。除非儒教士的眼界与百姓的眼界完全一致,否则所谓臣民靠祥瑞灾异说有了批判谏诤君王的正当基础,只是无稽之谈。在一个以差序格局为基础的社会中,说儒教士的解释身位可以代表民主政治,就把代言政制与代议政制搞混了——事实上,据文史家的考究,纬书家代表了新兴豪族地主的经济、政治利益诉求:

> 过分地强调君权的"神授",实质上贬低了人间帝王的价值,剥夺了他们的主动权,也为豪族地主更换最高统治者提供了便利。……事实上不少豪族地主不是经常宣扬自己"感应神祇"、屡致祥瑞、奇状怪貌、神灵感生(或"托生")的"神迹"吗?(吕宗力,《东汉碑刻与谶纬神学》,前揭,83页)

脱离当时的政治、经济利益冲突的语境来看纬书家的话语,就会把其宗教性的政治论说现代化。

不少论者都强调今文齐家和纬书家的政治法理论说的理想主义性质:

在纬书中，通过对灾异的解释指斥"人主自恣""后党擅权""女谒乱公""佞臣持位""邪臣蔽主""君臣无道"的言论比比皆是，并且直言不讳地预言亡国丧主，天下大乱，世界已面临末日。这完全是一种危机时代的意识。虽然如此，在纬书作者的心目中，必然存在着一个追求和谐的正面理想，如果缺少这一正面理想，他们对朝政的指斥与对危机的揭露就失去了前提，根本无法进行衡量比较了。因此，纬书的内容和当时的正统经学一样，灾异与符瑞的思想也是相反相成，合而一体的。①

这类解说似是而非，需要进一步分析今文齐家和纬书家的政制法理论说的性质究竟如何？澄清这一问题的关键在于，如何解释应符祥瑞受命改制论，忽略这一方面的论题，对左派儒教士的政治理论的探讨就不完备。应符祥瑞受命改制论是纬书的一大主题，此可谓天授论。无论天谴论还是天授论，都涉及政制理想与实际的现存政制之间的关系。"天谴"为了改制，"天授"亦为了改制。左派儒教士作为儒家知识人的一种类型，是以宗教化德制国家的守护人为自己的担当意识的，他们对衡量国家正当与否的标准，是儒教的宗教化德制立国，而德是"五德终始"的运转之德，与斯多亚的自然法之德或今文鲁学之德不同。因而，纬书家的理想并不具有恒定性，它有如一个空转的法轮，社会中躁动的利益诉求可借此法轮实现。这种理想与一姓制皇权的法理基础相抵触，今文家和纬书家的受命论

---

① 余敦康，《内圣外王的贯通》，上海：学林出版社，1997，62页。

体现了儒教的宗教化德制立国的使命和担当，在政制法理上恰与一姓论对立。纬书家处于在野的政治位置，故重受命论；今文齐学处在朝政的位置，故重"天谴"论，以保持儒教的宗教化德制立国的使命和担当的神圣权位。纬书家与今文齐学家的区别，看来是政治位置的不同。今文家都是国家的博士，而博士及其弟子是有限额的，纬书家大概是数量不少的没有博士位或弟子位的今文齐家儒教士。但这只是今文齐家与纬书家的身份差异的情形之一，另一可能的身份差异是：今文齐家是方士知识化的儒生，纬书家是儒学知识化的方士，两者的宗教理念类型不同。前者的宗教理念承周代礼教，后者的宗教理念承神仙秘教。所以，不难理解，纬书对孔子的神化远胜于今文学。现代（新）纬书家（康子、蒋子）均在受到基督教神人论思想的启发（刺激?）后，力图为今文学再补神圣资源，对纬书另眼相看，正说明今文齐学与纬学虽同为左派儒教士，但有宗教品质的不同。不过，就我关注的问题来说，更重要的问题是，左派儒教士的政治思想风格（即损益性地传承华夏礼教政制）对古今中国政治文化的影响需要审理，而非一味称颂或一味诋欺了之。

六、"天授"论的新政与左派儒教士的释经学

"天谴"或"天授"论说，都是由儒教知识人提出的。这里的知识人不等于知识分子（这是现代概念），而是指掌握一套神圣论说以解释人世天运的教士。若左派儒教士夺政，会推行什么样的改制？

汉代历史提供了史例：王莽新政。王莽是中国历史上第一位（而绝非唯一一位）当圣王的儒教士，力图实现儒家以圣人为王取代一姓为王的政制法理，推行一系列由儒教政制理想引导的革命，堪称儒教政治的历史典范。[①] 旧说王莽借古文派逆取帝位，被视为崇古文的，他倡谶纬，是学政兼通的大儒。但据蒙文通、钱穆、徐复观诸论：王莽的革政本于今文家师说，托符命改制与董子的思想一脉相承，其革政正是今文家当新王的实现。"法古"论的确不足以判别今古文派或儒教士的左派右派，儒教士无不崇三代之制，依此看，儒教士没有不倡法古的。重要的是"法古"为怎样一个"法"法，今文家存三统的"法"法具有革命性。因此，王莽的"奉天法古"实为"当新王"的左派儒教士的革命行动：

> 王莽改制承于西汉"言灾异""言礼制"之风，而汉儒之"复礼"，原是通向一个天地间无比完美的太平盛世的。（阎步克，《士大夫政治演生史稿》，前揭，395页）

从王莽与纬书论说的受命改制论同调可以断定，王莽乃左派儒教士。旧史书对莽政异口同声的指斥，充分表明儒教右派对左派的态度和两派的冲突焦点：一姓皇权的礼教程序与受命而王的托古革政的冲突。撇开儒教右派史家对王莽的评断，现代史学家指出：王莽绝非革命空想家，

[①] 参陈启云，《后汉的儒家、法家和道家思想》，见崔瑞德、费正清编，《剑桥中国秦汉史》，北京：中国社会科学出版社，1992，829-830页。

而是在政治、军事、经济、外交等政务方面精明务实的大政治家,只不过其精明务实的政治智慧与其实现儒教政制理想是一体的。就个人而言,王莽以儒教伦理律己和家人,博览儒教典籍,勤学慎思。纵使后来妃匹无二,立和嫔美御之制,也属天子之事,有儒典为据;信方士淫药,可致神仙,非溺于色也。作为圣王,王莽推行了当新王的政制革命,为政焕然一新。① 在经济制度方面,有后来胡适所谓中国最早的社会主义经济改造,推行"井田圣制",力革贫富不均、豪强商贾兼并垄断,实现平等理想,对商业实行国营化;在政治上,通过货币改革打击贵族阶层,使之由富转贫,改组国家官僚制度,起明堂辟雍灵台,无一不是今文家推崇的圣制;在文化方面则推行文化革命,重修古籍系统,改革学制(取消博士弟子限额),把左派儒教论说扶为正典,使之国教化。王莽新政颇得儒教士支持,体现了左派儒教士的政治理想。钱穆说,当时学者敢依古儒训违时政,信阴阳之运,与帝王万世一姓的制度论相左,王姓代刘汉——

> 硕学通儒多颂功德劝进,虽亦觊宠竞媚,亦一时

---

① 参刘汝霖,《汉晋学术编年》,上卷,上海:商务印书馆,1935,131-147页;毕汉斯,《王莽·汉之中兴·后汉》,崔瑞德、费正清编,《剑桥中国秦汉史》,前揭,247-255页;李孝悌,《托古改制——历代政治改革的理想》,郑钦仁编,《立国的宏观》,台北:联经出版公司,1982,471-480页。王莽新政可与毛泽东新政比较研究,以探左派儒教士的政治理念和实践模式。有的论者提到王莽新政的儒家理想主义品质时大为赞扬,对毛泽东新政的理想主义却视而不见,或大肆诋欺,似乎两者有天壤之别,令人莫名其妙。葛承雍的《王莽新传》(西北大学出版社,1997)对王莽新政的儒家理想性有颇具体的描述,若与一部当今的(如施拉姆或梅斯纳的)《毛泽东传》合看,会发人深省。

学风趋向,不独一刘歆。歆何为不惮劳,篡今文圣统,乃得助莽为逆耶?①

这说明王莽新政在当时确实深得各派儒生拥戴,而非仅是左派儒教士。

王莽新政在中国政治文化史上是一桩奇案,我无意在此礼赞王莽新政,只想指出,它确是左派儒教的理想(损益)主义的政治实践,而这理想或完美的太平盛世,其特定含义,就是儒教士担当的礼教化国家政制。就我的问题来说,重要的是纬书话语与新政的关系,勘定左派儒教释经学(即纬学)的政治文化功能。儒教经书的形成、扩展以及释经的扩展,与政制安排有直接关系,因而各代的注经各有特色。② 不同时期的经学家对经书系统、经书与孔子的关系的不同理解,经学著述形式的不同种类,因于中国的政制沿革。就经学的撰述形式而言,西汉时除章句、笺注外,还有传、说、记三种。"传"指五经的解释性作品,源于历代师徒之间的口耳相传,后整理成书,出现"传记"与"口说"的区别。"记"原为先秦史学的著述形式,后发展为一种史实性的经传撰述:

---

① 钱穆,《刘向、歆父子年谱》,见氏著,《两汉经学今古平议》,前揭,9页,当今学人常言毛泽东蔑视知识分子,实一大误。毛不仅曾受大批知识人拥戴,毛也有知识人密友,如郭沫若;而他领导的党,其核心成员也是知识人——教化知识人。

② 参朱维铮,《经学史:儒术独尊的转折过程》,见《上海图书馆建馆三十周年纪念论文集》,上海人民出版社,1982,291-305页;《中国经学与中国文化》,见《复旦学报》,2(1986),16-27页。安井太郎等,《中国经学史》,连清吉、林庆彰译,台北,万卷楼图书公司,1996。

> 如果说"传""说"的作用是忠实地解说传述经义,那么"记"的作用便是像史官记事那样,记录那些经传本应载有但却没有提到的事件和学说。①

西汉和东汉前期,传、说、记都独立成书,与经相别,形成解经著作的系统。纬配经,纬与经互为表里。纬当然是一种释经,但又显然有别于章句、笺注、传、说、记。纬的著述形式与传的功能相同,在政治文化和经传系统中的地位却又高于传。为什么?因为纬书的话语方式是注释与经文混杂。② 冷德熙在比较《孝经》与《孝经纬》时指出:"从现存集辑起来的《孝经纬》诸篇来看,却并非对《孝经》的注解。……在《孝经》的经与纬之间,既存在思维方式、叙述语言的差异,又存在主题思想的内在联系、语言文字上的相似甚至雷同。"(冷德熙,《超越神话:纬书政治神话研究》,前揭,273页。)既与经不同,又不是单纯注经,这就成了一种经书的再造。这种论说语式是准孔子身位的语式,实际影响既深且远,宋明儒乃至康子、熊子、牟子、蒋子的话语样式是否与此相关?荀悦曾问纬"以己杂仲尼乎,以仲尼杂己乎"的话不也可以问宋明儒?据纬释经,郑康成乃大家,孔颖达疏经之注虽称正义,也多引纬书;可见纬书对后世文教制度的基础性影响。史称郑玄信谶纬,以纬乱经,不过是儒学的内部争议,若从政治文化理论乃至政治哲学的角度研究纬学的释经形态,将推进儒教释经

---

① 王葆玹,《西汉经学源流》,前揭,23页;亦参吕思勉,《吕思勉读史札记》,前揭,684 – 691页。
② 受纬书影响,郑玄所用的文体就是释文与经文混杂;参吕凯,《郑玄之谶纬学》,前揭,170 – 195页。

史研究。

纬书的篇幅和思想分量最重的,是《易纬》《尚书纬》《春秋纬》和《孝经纬》。此四纬构成纬书思想的基本系统:《易纬》是自然理则的神义化解释,当新王的天理依据;《尚书纬》是儒教圣王的历史谱系,受命而王论的历史依据,朝代相替时易姓而兴之理的历史叙述(安居香山、中村璋八,《纬书集成·解说》,前揭,25–38页);《春秋纬》是孔子当新王的神义化解释,有如儒教的新律,新的历史启示,受命而王论的新的历史理据,由此孔子成为后世儒教士当新王的精神楷模;《孝经纬》则是教化国家的伦理圣训。纬书圣统的这一结构表明,纬书具有华夏国家宗教的自然法圣典的性质,其核心是:受天命而王,以教化天下。

纬书首次确立了孔子神性的教主形象。简单地否定这一形象或忘记它,是不可能的。重要的是理解神义化孔子信仰论的结构及其历史的政治文化功能。如前文所言,神义化的孔子信仰论在当代并没有死,这里再提供一个例证:继梁任公倡孔元纪年以来,今人从者不绝。[①] 孔元纪年既与一姓帝王纪年不同(可美其名曰反封建),亦与公元纪年不同(可理直气壮曰反西化),不正是左派儒教精神的现代化表达?是否信仰孔子为"素王""教主"或其他什么神圣身位,纯为个人信仰的事,思想史研究的职分是辨识信仰的政治身位。

---

① 参蒋庆,《公羊学引论》,前揭;林安梧,《熊十力〈原儒〉序》,台北:明文书局,前揭。

补丁：禁书抑或秘书 ①

纬书颇为突出地反映了所谓哲学—神学的政治问题，这个问题指的不是关于政治事务的具体观点，而是智识人在社会中的处身位置。所谓"异端"问题，一旦也随之转换为哲学—神学的政治问题，何种信仰实为真正真确的信仰的无谓论争就得以避免，而成了智识人与民众（现世是其符号）的政治关系问题。正如前面的考察所表明的那样，纬书研究首先需要搞清的是儒教智识人生存的基本政治身位。

纬书是附于经的，不仅解六经，而且包括了据说为孔子所造的孝经，所以，纬书家也被称为"七经人"。无论视儒生为上古史官的传人，还是后儒标榜的"义"士，都离不开六经。儒生的身份首先是靠尊奉六经为圣经来证明的："儒家者流，乃尊六艺而奉为经"（章学诚，《文史通义·经解上》）。纬书家属于儒家，这已经没有什么疑问。据经济世，是儒生的天职，但如果歪解六经，就成了"异端"——"凡不本经义者，谓之异端"（欧阳修语）。纬书家是解经家，书都收于官家秘府，而且在东汉时期一度立为官学，为什么竟被判为"异端"？

表面看来，纬书被判为儒教"异端"，是因为与图谶混杂在一起。纬书家和图谶家都关心政治，但纬书家关心的是大政治——为天地立法，不像图谶家专讲符命、预言灾

---

① 这个"补丁"是读廖平后所得，记于2000年。

异,搞阴阳八卦政治——猜测政局的风云变幻,"无与于国家兴亡之大也"(吕思勉语)。纬书家也会采用一些符命、灾异的说法,这有如当今某些哲人采用经济学、科技学的说法来表达自己的思想,因为这些说法是时代中流行的"常识"或有社会支配力的话语。因此,真正的大儒绝不会因为纬书与图谶混杂而革除纬书的儒家教籍,而是将纬书家与图谶家区分开来:

> 纬者,先师经说入于秘府,与图谶并藏。哀、平以来,内学大盛,侈言符命者,猎取纬说,以求信于世。故凡纬说艺术家言,并为图谶所混。今其书冠以"七经"名,则纬书之本名也。其下之名,则皆图谶及术数家言。如《雌雄图》《钩命诀》之类是也。其书皆藏于秘府,写者含混写之,遂成定本。然解经者当引纬说,图谶之言,不可用也。(廖平,《何氏公羊春秋再续十论》;亦参《经话乙编》2)①

纬书家与图谶家本是不相干的两类人,就知识类型来讲,也根本是两类不同的知识,书写的完全是两类不同的东西。② 不然的话,就没有所谓"并藏"秘府——不同的

---

① 廖平引文,具见《廖平选集》,两卷,李耀先主编,成都:巴蜀书社,1998;以下仅注篇目。
② 廖平将清人辑录的纬谶分为内外篇,内篇为纬说,外篇为谶说,并致力疏解内篇,为发微六经微言做准备。冷德熙《超越神话:纬书政治神话研究》(前揭)与易玄《谶纬神学与古代社会预言》(成都:巴蜀书社,1999)分别解析纬书和图谶,两者的分别相当分明,尽管易著并没有注意区分纬书与图谶(此外,易著没有前言后语,作者名也显得是隐者,此书就好像出自一个现代图谶家之手)。

东西才有所谓"混杂"的问题出来。纬书和图谶都是东汉以前就已经有的，其时，帝国意识形态还处于形成之中，经师混杂纬书与图谶，主要在东汉前期，因为统治者喜好的图谶成了意识形态——"王莽好符命，光武以图谶兴，遂盛行于世"（《隋书·经籍志》）。图谶一时为社会中的流行风气，而且为统治者喜欢，经师采用当时"政治正确"的知识语言传达自己的思想，并非不可思议。何休解经传大量引用纬说，以至"杂引图谶"，是"囿于风气，移于俗染，既以献媚时君，并欲求合时尚"（廖平，《何氏公羊春秋再续十论》）。献媚时君、求合时尚都没有什么错，因为，在时君和时尚的统治下，哲人要保守真言，曲迎时尚没有什么可非议的。

问题在于，何以在儒家取得政治法权的时候，不是区分纬与谶，反倒把纬书判为异端？反过来想，区分纬与谶是否就可以洗清纬书家的"异端"污名了呢？

显然，纬书被判为"异端"，还并非因为其与图谶相混杂。按《隋书·经籍志·六艺·纬类序》的经典判词所述：纬书家自称所讲的涉及社稷民生大事，但过于惊世骇俗，所以要"秘而不传"，要传也只得以特别的书写方式传。判词并没有说，秘传有什么要不得，而只是说"文辞浅俗，颠倒舛谬，不类圣人之旨"。这样说来，如果文辞高雅，有如子书，秘传是否就没有问题了呢？

并非如此。首先，孔子自己就指点社稷民生大事，但自感过于惊世骇俗，于是要"秘而不传"其说。"知我者，其惟《春秋》乎，罪我者，其惟《春秋》乎！"这里的"罪"指什么？指褒贬政事会得罪王官大人，以至自己的个人生命可能有危险。（"罪"即"为时人见弹贬"，参焦循《孟子正义》。)"《春秋》所贬损大人,皆当世君臣有权威势力,其事实皆形于传,是以隐其书而不宣,所以免时难也"(《汉书·艺文志》)。然而,"秘而不传"的原因仅仅是因为见之行事而又褒讳贬损,将招致政治麻烦?孔子绝非杀身以成仁的义士,而是懂得自己的见识("知")相当危险,如此"危难"绝非仅仅是因为不能见容于社稷家国:"知之难也。有臧武仲之知,而不容于鲁国,抑有由也,作不顺而施不恕也"(《左传·襄公二十三年》)。这里所说的"知之难也"显明的是智识人的另一种生存困境:损害不该损害的东西。智识人的智识与"顺事""恕施"相冲突,该怎么办?孔子在这里教导要"顺事""恕施",等于说不要那么太智慧。这是孔子的真心话?为什么当弟子问何谓一个有智识的人时,他要提到"臧武仲之知"(《论语·宪问篇》)?为什么夫子告诫,即便政治处境不那么危险的时候,也得小心自己的言辞——"邦有道危言危行,邦无道危行言逊"(《论语·卫灵公篇》)?为什么孔子教导弟子必须学会什么时候、对什么人说什么话——"可与言,而不与之言,失人。不可与言而与之言,失言。知者不失人,亦不失言"(《论语·卫灵公篇》)?孔子心里兴许相当清楚,智识者会因为有某种见识而危及某些不该危及的东西,因此要智识人"顺事""恕施"。

既然夫子已经讲得这样明白了,怎么可以把夫子的每一句话都当教条?又怎么可以按夫子作的经书——比如《春秋》——的字面意思来理解夫子的意思?《春秋》命意专一而尖锐:此世的仁、义、理何在?"世衰道微,邪说暴行有作,臣弑其君者有之,子弑其父者有之,孔子惧,作《春秋》。"(《孟子·滕文公下》)谁在"世衰道微"的时候站出来说话？谁知道时代已经"邪说暴行有作"？《春秋》中记载的那些战事，哪一桩没有自己的正当理由呢？判断这些战事和杀戮是否正当，难道不需要非常之高的智识？孔子作《春秋》出于智识者的末世焦虑，也是哲人的道义担当。然而，顾及某些东西又使得孔子不能明言，必须隐瞒其真言。说不得而又不得不说的，就是微言。于是，孔子所作的《春秋》就有了文与事的区分，其中的微言只对"可与言"的弟子口说。孔子死后，谁知道他的微言是什么呢？"昔仲尼没而微言绝，七十子丧而大义乖，故分为五。"（《汉书·艺文志》）这一问题对于我们要关注的问题十分关键。

不过，孔子的言论和书写中真的有微言吗？

纬书家和今文家坚持夫子之言有大义和微言之分，大义是对"不可与言"的人说的，微言是对"可与言"的人说的。纬书家说是那些以为自己属于夫子所说的"可与言"一类的儒生，因此坚持认为经书中有"其理幽昧，究极神道，先王恐其惑人，秘而不传"的真言。被廖子指为献媚时君、求合时尚的何休与纬书家相通，他在其《解诂》一开始就说：

> 昔者孔子有云，"吾志在《春秋》，行在《孝经》"。从二学者圣人之极致，治世之要务也。传《春秋》者非一，本据乱而作，其中多非常异义可怪之论。说者疑惑，至有倍经任意、反传违戾者，其势虽问不得不广。是以讲诵师言，至于百万犹有不解，时加酿嘲辞、援引他经、失其句读、以无为有，甚可闵笑者，不可胜记也。是以治古学、贵文章者，谓之俗儒。

(《春秋公羊传何氏解诂》序)

何休若不是因其师承口口相传,他怎么知道公羊子所传的《春秋》解释中会有微言或什么是微言?但这样的微言又显得是"非常异义可怪之论",何休既要保守微言,又要不献媚时君、求合时尚,如何可能?毕竟,何休敢于说:那些不能懂得夫子微言、以为其言"非常异义可怪"的儒生,才是真正的"异端"(俗儒)。相反,另一类儒生则坚持把这类自称深得经书微言的儒生判为"俗儒"(异端)。图谶家不说经,所谓"凡不本经义者,谓之异端",自然说的是解经家,他们说经"怪奇古僻,所谓非圣之书,异乎正义之名也"(欧阳修,《奏议集十六》)。"怪异之言"显然与"秘而不传"相关,成了两派儒生相互攻讦对方为"异端"的胶着点:一派说,不懂微言,才以为"非常异义可怪",是乃俗儒;一派说,把"断烂朝报"说成微言,恰为"惑乱"经义的"怪异之言",是乃俗儒。可以说,是否被判为"异端",恰恰在于"秘而不传"。

这里无需来辨明究竟哪一派儒生是"俗儒"或者为"异端"正名。重要的是搞清楚,所谓"非常异义可怪之论"究竟是什么、以及为什么要如此言。

"儒家"是在战国至前汉之际形成的,其时也是儒家经书确立的时期,情形有如使徒出现之后的教父时代,也就是教父们与灵知派激烈冲突的时代。就外部政治环境来看,初代儒家仅是当时各种智识人群体中的一个派别,政权移祚,智识人派别与政制还没有建立稳固的结合。儒家与其他智识人的冲突,是相当自然的事情。但这里所展示的问题是儒家内部的冲突,不能完全用智识人与政治威权的关系来解释纬书家和今文派与古文派儒家的冲突。

儒家内部关于经书的论争,不是何书为经的问题,而是谁为经书的作者的问题。纬书家以及同样主张经书中有微言的今文家一致认为,六经为孔子所作;相反,另一派(古文经派)儒生以为,孔子是先师,仅删定六经而已。六经中引起作者争议的本来主要是《春秋》。夫子在《论语》中提到教弟子的经书,明言列举诗、书、礼、乐,而且自称"五十以学易",不是"授"易,偏偏没有提到《春秋》,因此,至多可以说,《春秋》是孔子作的。儒家经书成为正典——六艺成为圣经之时,也就是儒家经学史的开端,就从《春秋》的作者问题开始。

《春秋》的作者问题起初还仅是一个何种书写的问题。那个时候,没有儒生不以为《春秋》是孔子所"作",问题仅在于,其中是否有微言。孟子最早说,《春秋》有文与事的区分,后汉出现变乱文事之分的儒生,无异于还经为史,抹去了孔子"作"《春秋》的动机:

> 孟子之悦《春秋》也,分其事其文二者。盖事者当时之事,如左传所载是也。其文《春秋》所书是也。故公、穀所传者其文,而左传所载者其事,此固了然可辨者,自汉人不喜读之,以三传并列,而文事不分。又以《春秋》文例窜入左氏,而文与事大乱矣。(唐晏,《两汉三国学案》)

看来,问题关键在于,如何认识孔子的"作"《春秋》。

孔子明明用诗、书、礼、乐教弟子,而且自己"五十以学易"，今文家和纬书家为什么非要不仅把《春秋》，而且把所有六经都说成孔子所"作"？理由是什么？

理由是：孔子为圣人！纬书家和今文家承认，的确有作为先王陈迹的六经，但这不是孔子所作的六经。先王的六经早已经不存，现存的六经都是孔子所作。的确，孔子说过自己"述而不作"。但所谓"不作"，是对"不可与言"的人说的，因为其中有看起来"非常异义可怪之论"。孔子的话，有显白的和隐微的两种，"不作"是显白的说法，其隐微的含义恰恰是"作"。

> 孔子惟托空言，故屡辨作、述。盖天命孔子不能不作，然有德无位，不能实见施行，则以所作者存空言于六经，托之帝王，为复古反本之说。与局外言，则以为反古；与弟子商榷，特留制作之意。总之，孔子实作也，不可径言作，故托于述。所云"述而不作"，自辨于作也；"不知而作，无是"，"天下有道，则庶人不议"，自任乎作也。意有隐显，故言不一端，且实不作，又何须以述自明乎。（廖平，《知圣篇》3）

孔子为什么要隐瞒自己作六经不是已经很清楚了吗？还没有。麻烦都出在孔子自己说话含混、模棱两可。为什么孔子要这样呢？因为孔子说过，有的事情不可以与人言，否则要两伤。今文家告诫，正是由于不懂得孔子为什么要隐其言，儒家的"异端"才出现了；也正因为如此，孔子的微言失落了，其结果是民不聊生、国破家亡。

> "天生"之语，既不可以告涂人，故须托于先王，

以取征信。而精微之言一绝，则授受无宗旨，异端蜂起，无所折衷。如东汉以来，以六经归之周史，其说孤行千余年。今之人才学术，其去孔子之意，奚啻霄壤？（廖平，《知圣篇》4）

凭什么说"天命孔子不能不作"，孔子之"作"是"天生"之语？

这话出自孟子。孟子说，孔子"作"《春秋》是"天子"的行为。何谓"天子"行为？承天命而治天下，就是天子行为。天子行为往往是在"末世"中出现的，只不过在儒家看来，这"末世"不是犹太—基督教所谓的"终末"之世，而是与太平现世相对的乱世。但这"乱世"却是人类的基本处境——有如霍布斯所谓的"自然状态"：人的生存受到自然的盲目力量、地上的其它族类和同族中的"邪说"和暴君的威胁。概言之，"乱"就是现世的恶。行天子之事，就是要根除现世的恶。大禹治洪水、周公兼并夷狄，对于生民来说，就是天子行为。孔子身处又一个"末世"，从尧舜到孔子，历史没有进步，反而出现了"一切人反对一切人的战争"——"仁义充塞，则率兽食人，人将相食"，孔子不得已"作《春秋》"（《孟子·滕文公下》）。但孔子出身不是名门望族，何以有资格行天子之事？资格就在于，孔子有非常之"知"［智］。

孔子不是天子而凭其"知"行天子之事。

> 樊迟请学稼，子曰：吾不如老农。请学为圃，子曰：吾不如老圃。樊迟出，子曰：小人哉，樊迟也。上好礼则民莫敢不敬，上好义则民莫敢不服，上好信

则民莫敢不用情。夫如是，则四方之民，襁负其子而至矣，焉用稼。(《论语·子路篇》)

孔子"怀将圣之心"，但遭遇乱世，才转而教学和编撰。① 孔子"作"《春秋》就是一种自居为尧舜的统治行为——所谓"素王"。

君子曷为为《春秋》？拨乱世，反诸正，莫近诸《春秋》。则未知其为是与，其诸君子乐道尧舜之道与？末不亦乐乎尧舜之知君子也？制《春秋》之义以俟后圣，以君子之为亦有乐乎此也。(《春秋公羊传》哀公十四年)

纬书家和今文家就是从这一点推论六经中的其他经同样是孔子所"作"：

"《春秋》，天子之事"，诸经亦然。一人一心之作，不可判而为二。(廖平，《知圣篇》13)

后汉以来以至国朝的古文家，一以贯之地用六经中的巫和史的成份来反驳今文家，今文家则墨守经"义"：

易自孔子作卦爻辞、彖、象、文言，阐发义、文之旨，而后易不仅为占巫之用。《春秋》自孔子加笔削

---

① 参蔡尚思、朱维铮、李华光，《孔子思想体系》，上海人民出版社，1982；这部详实的孔子传的执笔者为经史大师周予同的两位高足，按蔡尚思旧稿框架撰述（参该书序言）。

褒贬,为后王立法,而《春秋》不仅为记事之书。从而经为孔子所作,义犹显著。①

可以看出,古文家坚持六经是先王的陈迹,儒生的信仰和经世原则是依据这先王遗言;纬书家和今文家的信仰和经世原则是依循孔子的"僭主"(素王)行为,古文家的眼睛对这"义"来说根本是瞎的,却说这"义"是"怪异之论";瞎子看不到东西,等于东西不存在吗?像孔子说的,"如尔所不知何!"(《春秋公羊传》昭公十年)

要看到事和文中的道理(义),需要特别的"知",而且如此之知很可能获罪:

《春秋》"其词",夫子道,"则丘有罪焉尔"。罪者,"其贬绝讥刺之辞有所失者"。(何休,《春秋公羊传解诂》昭公十二年)

这种特别的"知"究竟是什么知呢?

孔子与弟子在言谈中经常谈到"知",但说法不一,可以大致看到的是两个"知"的方向:下知人、上知天。夫子说"知者不惑"……"不惑"是什么意思?就是"举直错诸枉"(《论语·颜渊篇》)。如此所谓"知"就是荀子所谓"知人"——"人"就是百姓或此世,所以"知"也叫做"上知",与"下愚"相对,从而,如此之"知"标明了一种政治秩序的内在结构。"知"的对象是日常之"道",但

---

① 皮锡瑞,《经学历史》,周予同注本,台北:艺文印书馆,1989,2页。

知者与百姓所获得的"道"不同："唯上知与下愚不移"，所以"君子学道则爱人，小人学道则易使也"（《论语·阳货篇》）。

孔子明白说到的"知"明显具有政治性——所谓政治性，首先指有"知"的人要充分顾及人民的生活伦常——"务民之义，敬鬼神而远之，可谓知矣"（《论语·季氏篇》）。这种"爱人"之"知"也不是任何时候都可以示人的，因为，"爱人"也有政治的危险性——"邦有道则知，邦无道则愚，其知可及也"……"人如不善择里而居，不得谓为理知"（《论语·公冶长篇》）。荀子称赞"怀将圣之心"的孙卿"蒙佯狂之色，视〔示〕天下以愚"（《荀子·尧问篇》），看来真懂孔子之心。什么事情都直说，不懂得曲折婉转的必要性，就不能叫有"知"——"言必信，行必果，硁硁然小人哉"（《论语·子路篇》）。

"示天下以愚"就是隐藏"知"，但"知人"之知不是不可让百姓们知道的东西；不过，"务民之义，敬鬼神而远之"，就涉及另一种"知"了——如果不顾及"务民"，是否就不"敬鬼神而远之"了呢？

前面说的"知"都是济世的"主术"之"知"，没有涉及天道、鬼神。孔子真的不关心天道的事？"天道远，人道迩"是说给谁听的？懂现世"主术"之"知"的，可以称为"圣人"，但还不是"神人""至人"，而孔子在对有的弟子的言谈中，显然透露过关于"神人""至人"想法，不然《中庸》中何以有所透露？

> "至人""神人""化人"，皆以为经外别传，无关宏旨。不识《中庸》言"至德""至圣""至诚"，

> 《孟子》已言"神人",《荀子》已言"至人",《易》言"至精""至圣""至神""大人"。《中庸》曰"及其至也,虽圣人亦有所不知""所不能"。明以见"圣人"之外,尚有进境。(廖平,《四变记》)

如果考虑到孔子说过"中人以上可以语上也,中人以下不可语上也"(《论语·雍也篇》),就有可能假定孔子还隐瞒了另一种向上之"知"——"神人"、"至人"的"知";如果考虑到孔子说过"生而知之者,上也;学而知之者,次也;困而学之者,又其次也。困而不学,民斯为下矣"(《论语·季氏篇》),就有可能假定孔子还隐瞒了另一种生命志向——人道迩,天道迩。

> 《论语》云:"未能事人,焉能事鬼","未知生、焉知死"。儒者引以为孔子不言鬼神之证,不知为学次第,不可躐等而进。未知生,不可遽言死;未事人,不可遽言鬼。(廖平,《四变记》)

孔子的"微言"即涉及一种最高的"知"——天人之知?

《春秋》和《孝经》为孔子所作,这两部书说的都是现世的事情,没有专门讲天道、性命一类。《论语》和《礼记》记载了大量孔子言论,但都是孔门某类弟子所记。如果孔子对弟子也看人说话,就不能说《论语》和《礼记》所记载的,就是孔子的全部真言。

> 孔子之道,大而能博,门弟子不能偏观而尽识也,

> 故学焉而皆得其性之所近。其后离散分处诸侯之国,又各以所能授弟子,原远而末益分。(韩愈,《送王秀才序》)

这还是原因之一,更重要的是:"所见异辞,所闻异辞,所传闻异辞"(《春秋公羊传》哀公十四年),孔子的亲炙弟子与孔子的"所闻世"弟子的传言,有所不同。孔子的真正微言,不一定在《论语》中表达得那么直接。在其他子书——也就是孔子的"所闻世"弟子记载孔子的言论,显得与《论语》很不相同。"所闻"意味着来自口传,按今文家的讲法,口传恰恰传的是微言。

但"所闻"的孔子言论,算在儒家名下的弟子如孟、荀反不如算在道家名下的庄子多,这是为什么?庄子的思想是否是孔子微言的真传?司马迁说,庄子"于学无所不窥,然其要本,归于老子之言",但老子难道不可能是庄子的托言?据说庄子笔下的孔子曾经读《春秋》给老子听——"仲尼读书,老聃倚灶觚而听之,曰:是何书也?曰:《春秋》也"(《艺文类聚》卷八十引),这是在编故事吗?但康子为什么也说,"庄子在孔子范围,不在老子范围。庄子言心学最精,直出六经之外……庄子之心,必孔子别有所传……"(康有为,《万木草堂口说》诸子四)?

庄子与儒家的关系是个老问题,但要点不在自韩愈、苏轼以来一直未有公断的庄子究竟出于颜回抑或子夏的问题,而在于庄子是否得孔子"性之所近"、是否不同于儒家名下的"所闻"世弟子们"别有所传"。①

---

① 崔大华细致对勘《庄子》和《论语》《礼记》中与孔子言论相关的文本,得出儒家思想不过是庄子思想的"观念背景"的结论,不及康子所见。参崔大华,《庄学研究》,北京:人民出版社,1992,350-364页。

要搞清这一问题，首先要看庄子所传的是什么。

庄子称自己的言分三种：寓言、重言、卮言。论者大都关注这三种言的差别，但所谓"寓言十九，重言十七，卮言日出，和以天倪"（《庄子·寓言篇》）说的都是原天之言，只不过说话的方式不同！孔子的"所见"世弟子子贡没有听到孔子说的"性"与"天道"（"夫子惟性与天不言"），在庄子书中成了主要话题。

> 天地有大美而不言，四时有明法而不议，万物有成理而不说。圣人者，原天地之美而达万物之理，是故圣人无为，大圣不作，观于天地之谓也。（《知北游篇》）

在庄子的传言中，明确提出了"去小知而大知明"（《外物篇》），以便"明白入素，无为复朴，体性抱神"（《天地篇》）。庄子未必得孔子的微言——"和以天倪"的天人之知，从而是儒家中的异端？

孔子的"别有所传"，也就是对其"所见"世门弟子没有传的，孔子"予欲无言"的恰恰是性与天道！庄子恰恰明白孔子"体性抱神"的知天（"五十而知天命"），因此荀子攻庄子"蔽于天而不知人"。

> 圣人非不欲以礼之出于自然者示人，而惧其知和而不以礼节也。由是言之，子游子夏之徒所述者未尝无圣人之道存焉，而附益之不胜其弊也。其始固存七十子，而其末遂极乎庄周之伦也。（姚鼐，《庄子章义·序》）

庄子太聪明……什么叫太"聪明"?就是"去小知而大知明"——七十子笔下的孔子说:

> 道之不行也,我知之矣。知者过之,愚者不及也。道之不明也,我知之矣。贤者过之,不肖者不及也。人莫不饮食也,鲜能知味也。(《中庸》3)

这里所说的"知"究竟是哪类"知",让人伤透脑筋,但清楚的是:知者自己得明白向下之知与向上之知的区别,并懂得拿捏分寸。

> 素隐行怪,后世有述焉;吾弗为之矣。君子遵道而行,半途而废,吾弗能已矣。君子依乎中庸。遁世不见知而不悔,惟圣者能之。(《中庸》11)

"和以天倪"之知者有特别的识见,对现世处境有深重的危机感,却绝非空想家——好像如今好发空疏议论的"随笔文人",而是墨守经书的释经家。"和以天倪"之知者倘若不是生活在道贯中,就得是圣人。圣人体现道,但圣人懂得,"天道远,人道迩"。"儒"是一种"道",以此"道"为生,方可以算儒生。反过来说,仅仅懂得"天道远,人道迩"也不能算是真的圣人。庄子"性之所近"的孔子的"别有所传"《庄子》就是一例。当然,能攻"义"者只能是另一种"义"——道家的"义"、佛家的"义"或泰西的"义"。就知识的类型来说,信奉史还是信奉史中之"义",是截然不同的两种知识。

知天与知人的分别究竟在哪里？这首先是一个哲学的政治问题：智识人精神及其与此世的关系。

由此来看，庄子之言如此诡气靡靡想必是他顾及民人，守中庸、以三言式微露天机，不然的话，像纬书那样被判为异端也就没有什么好奇怪了。

可是，孟子和荀子在"知人"方面可谓孔子的高足，但对人的所"知"却相当不同，两人思想的差异是否因为对另一种"知"的看法不同所致呢？

> 孟子言性善，扩充不须学问；荀子言性恶，专教人变化气质，勉强学问。论说多勉强学问工夫，天下惟中人多，可知荀学可重。……孟子但见人有恻隐辞让之心，不知人亦有残暴争夺之心也。（康有为，《万木草堂口说》荀子一）

倘若如此，纬书家的怪异其实也就不过是由于知者的"性"之所异而已。在纬书家的解经中，原天之论是一基本的解释原则——《春秋纬》《孝经纬》把孔子的济世之言也说成天言，在世人看来不正是"素隐行怪"？

儒家革命精神源流考

> 吾闻《齐诗》五际之说曰：午亥之际为革命，卯酉之际为革政，神在天门，出入候听。是其为言也，岂特如翼奉、郎凯所推，系一国一姓之兴亡而已。大地动摇，全球播覆，内弊中国，覃及鬼方，于是乎应之。方今百年之际，其殆与之符合也哉？
>
> ——章太炎

基督教是现代中国革命的精神之源？

一九九六年六月，耶路撒冷的希伯莱大学汉学系举办"《圣经》与现代中国"研讨会，顾彬教授提交了论文《上帝病—人病：论中国和西方的不完美性问题》。会议开场前一天傍晚，我和顾彬坐在有如陆军工事堡垒的希伯莱大学校舍的酒吧露台上，鸟瞰山下耶路撒冷城阿拉伯人居民区，叙旧话新……我们已三年没有见面了。

顾彬给我他的会议论文的德文本，说英文本多有词不达意的地方，德文本准确些。① 我也把自己的会议论文《董仲舒与斐洛的道论》的中文本给他，理由相同。我们都希望得到对方的严格批评……顾彬说，中国学者对友人之作喜欢瞎吹捧，但我是例外，所以他喜欢我。

顾彬宣读论文后，会上一阵骚动，提问、反驳、赞同或发议论者争先恐后，我没插上嘴，但私下答应顾彬，将撰文反驳他的"谬论"。

顾彬治中国文学史多从思想史角度入手，他的哲学、神学和社会理论涵养均不浅，有广阔的视野，常提出一些思想性问题，其论著也常有多层面涵义。《上帝病—人病》就是一例。

《上帝病—人病》一文包含三个层面的论题。首先，顾彬提出，中西方的现代社会都经历过一个追求完美性的历史阶段，其结果是以全权道德专制告终。追求完美性的思想是对中西古代思想的反动：基督教的替罪羊（基督）形象展示的并非"伟岸或者强大，它对于生存是真切的实在。传统的中国对这个问题的看法大致相同；在中国，完美者也是悄然地在隐蔽中存在的"（顾彬文，91页）。顾彬主张，应该承认人世的不完美性，也不必追求人的完美性。这既是一个哲学—神学的论题，也是顾彬的个体信念——带有基督教信仰的色彩，我不在此置评。扼要地讲，笔者认同

---

① 中译据德文本译出，见《道风：汉语神学学刊》，6（1997）；以下仅随文注页码，简称"顾彬文"。

人世不完美的论点,但对顾彬的具体论点不敢苟同。如所谓"中西古代思想都不追求完美性"云云,就是一个大而化之、大而无当的论断。基督教信理的确根本上是否定追求现世完美性的,但历史中也出现过追求现世完美性的基督教思想。至于中国古代思想,正如我后面将证明的,追求人世和人的完美性恰是儒家精神的基本品格,亦是儒家革命精神的理念基础。

现代思想追求人世的完美性是如何出现的?在顾彬看来,"上帝死了",人"自己成为自己的存在和一切行动的理由",是转变的关键。顾彬推论说,追求完美性是现代世俗化精神的想象(因为古代思想不追求完美性):克服不完美性是基督教救世理念世俗化的结果。上帝"死了"之后,人的追求占据上帝的位置,现代人"必须谋求自身的合法化。他们将自己的领导要求放进成为空档的救世史矩阵之中"(同上,75-76页)。这就是顾彬在文中提出的第二个层面的论题——一个历史哲学的论题,它来自 K. Löwith 在《世界历史与救赎历史》中提出的著名论断:现代的国家社会主义和共产主义思想及社会运动,都是基督教救世思想的世俗化形式。这一论断尽管在西方学界仍有争议,用于说明西欧的现代革命思想和社会运动,毕竟有相当的解释效力(顾彬文,77页)。[①] 但把这一论断直接推衍到现代中国的思想和政治论域,其解释效力就殊值怀疑。

顾彬主要的亦是其第三个层面的论述,恰恰作了这样的推衍:现代中国革命思想同样受西方的基督教世俗化思

---

① 亦参 K. Löwith,《世界历史与救赎历史》,李秋零、田薇译,北京:生活·读书·新知三联书店,1999。

想及社会运动影响,以致可以说,现代中国革命思想也是基督教思想的世俗版本。

> 人们可能坚持认为中国根本没有基督教背景。初看起来这是正确的,但又是完全错误的。中国与世界市场和与世界文化的联结便意味着与西方历史之世俗化的联结。简言之,中国的"现代",不论人们如何规定它,没有基督教也是不可思议的。……在"上帝已死"的保护之下,随着神学思想的政治化反复出现世俗化的拯救形象,这些形象许诺通过科学与革命消除任何形式的弊端(流行语:异化)。最著名、影响最深远的范例是马克思、列宁和毛泽东。在这里作为论题者并非对宗教观念的接受,而是这些观念的延伸,即从个别人的信仰向整个社会,尤其向整个民族的延伸。(顾彬文,77页)

于是,顾彬勾勒了从法国大革命到中国"文化大革命"的内在逻辑:现代革命精神是人通向自我拯救、自我神化来克服不完美性的尝试,提出了"此岸性的新人构想","乌托邦、新人和暴力"成为"世界之尘世的三位一体"。因此,现代中国革命理应被纳入"现代世俗宗教史"的视域。

这就是我所说的顾彬文中的谬论。

顾彬提供的论据是否足以支撑其上述论断呢?他的主要论据有两条:

> 参与一九四九年革命的全部中国知识分子都受到

基督教的影响。人们很容易证明，新中国几乎所有重要的思想家都曾在西方的教会学校读书，研究过《圣经》，接受过基督教学说的影响。第二个明显的理由是马克思主义的影响，这意味着接受世俗化的末世论思想。因此，毛泽东主义在一九四九年以后尤其带有基督教色彩。(同上，81-82页)

这只能称为奇谈怪论。所谓奇谈："几乎所有重要的"共产党领导人都受过基督教会学校的教育。至少毛泽东的学历中还没有这一记载，倒是孙逸仙有，但顾彬没有把孙逸仙列为世俗化的末世论者。此外，在教会学校念过书，不等于必然接受了基督教思想。在欧洲，受过神学教育而反基督教信仰者大有人在。况且，从当今对中国教会学校的研究结果来看，教会学校以教授现代科学知识为务，而非圣经信仰，培育了不少现代科学人才，也传播了西方近代人文思想。

所谓怪论：接受马克思主义等于接受了基督教思想。这种推论把世俗化的末世论与基督教思想用作同义涵项，乃是一个初等逻辑错误。不错，马克思主义作为世俗化的末世论思想或其他世俗性神圣革命精神与基督教思想有内在关联，但这种关联是极其复杂的，K. Loewith 也没有在世俗化的末世论思想与基督教思想之间直接划等号。基督教思想是马克思主义的思想历史背景，有年逾千祀的嬗变。说中国知识人接受马克思主义就把基督教思想也接受了，未免夸张。颇值得研究的倒是中国知识人接受马克思主义时自身具有的思想历史背景。世俗化的末世论思想进入中国之时，追求人世完美性的儒家思想已有两千多年的积累，中国知识人接受马克思主义是否会是儒家思想的现代化途径之一？

顾彬的问题可能完全提错了。与此相关的其他论点，也很难经得起推敲。例如，"每一个新的时代为确立它的新秩序都需要新的名称，这必然造成对文字、图像和空间的重新组合"（顾彬文，页82）。顾彬以为，这是法国大革命政治文化的影响。我要问，为什么不可能是受五德终始政治理论的受命改制观影响？按邹衍的每一朝代应依其所承的德运改制的论说，受命是新兴王朝必具的条件，改制是受命—革命后必行的政务，要求重新组合政治文化的图像和空间。改制就是改政治文化符号，以顺天命之显。① "王者必受命而后王，王者必改正朔、易服色、制礼乐，一统于天下，所以明易姓，非继人，通以己受之于天也。"② 拿毛服与中山服的关系来说，就有改制的政治文化意味：毛服据中山服改制，表明既有统绪关系（毛继承孙的现代革命正统），又有道统上的区别；毛服和中山服与清皇袍不同，是改服色，两者为同一个统（赤统——现代民族国家）；蒋氏背叛革命，蜕化为白统，故当被革去其命。从法天的统绪上说，在毛泽东看来，民国根本不算一个朝代——至多算润

---

① 顾颉刚对五德终始的政治法理说之颇详，参顾颉刚，《五德终始说下的政治和历史》，见《顾颉刚古史论文集》，卷三，北京：中华书局，1996，254页以下；亦参孙广德，《先秦两汉阴阳五行说的政治思想》，台北：商务印书馆，1993，140 - 162页。顺便说，西方的新政制说也不是法国大革命的首创，马基雅维里在《论李维的前十书》第26章教诲：任何想确立绝对权威的新君主都必须使一切政制符号焕然一新。参施特劳斯，《马基雅维里》，见Leo Strauss/Joseph Cropsey主编，《政治哲学史》，上卷，李天然等译，石家庄：河北人民出版社，1993，353页。

② 苏舆，《春秋繁露义证》，钟哲点校，北京：中华书局，1992，185页。

统。毛泽东晚年后悔没有用"民国"作国号,那样的话,蒋的民国就没有统绪的正当性了。这些都像是五德终始的受命改制观的政治文化的现代表现,而非法国大革命的政治文化的翻版。顾彬难道没有注意到,迄今某一辈革命家从不着西服亮相,而至新一代则一律西装革履出场?这是法国大革命政治文化的影响?

顾彬说,"解放前、解放后"的时间模式,"不言而喻"来自"基督前、基督后",这是想当然的推想。民国改元纪年,共和国用公元历法,并不表明后者要崇基(满清在入主中华之初,就颁行过"依西洋新法"的新黄历),更可能表明共产党革命的受命改制是彻底(现代化)的。受命改制的新天新地,不是世俗化了的基督的上帝国,而是一个"新中国"。"新中国"的精神想象为什么不可能出于周公,而非要是基督?难道只有基督教才讲"新天新地"?

对"新"的向往,被顾彬视为现代性思想的"中心范畴","文化大革命"的"新人""新气象"被解释为法国大革命的"新"症的影响。顾彬忘了,儒家亦有"新"症传统。儒家六经之一的《诗经》毛氏传言中"关雎"的"旧邦新命"说,已包含"革命""改制"的"新"想象。① 西汉公羊学进一步确定了"新"与"革命""改制"的关联,"以《春秋》当新王""新周"诸论,本于"《春秋》托新王受命于鲁"。现代儒生冯友兰提出"新人"理想,以"新"命名其系列论著,依据的并非法国大革命的政治文化,而是被视为儒家"新统"的宋明理学,其伦理

---

① 参蒙文通,《儒家政治思想之发展》,见蒙文通,《古学甄微》,成都:巴蜀书社,1987,页166。

想象正是人的完美性——人人可当圣人。凡此种种表明，儒家思想传统中新人新世的想象源远流长。在现代语境中，据说"周虽旧邦，其命维新"仍然是华夏邦国的命符，现代中国"就是旧邦而有新命，新命就是现代化"（冯友兰）。① 如此"新"症迸发在一九四九年之前，与毛泽东的"新民主主义"相呼应，一为理学"新人"论的现代化，一为公羊学"新天新地"论的现代化。毛泽东的"新"论与冯友兰的"新"论哪里会有什么隔膜？

顾彬还以现代中国文学中的基督教修辞来支撑其论断。但中国现代文学中的宗教隐喻或修辞是含糊的，很难说有确定的基督教思想来源，也可能有佛教、道教的来源。② 即便中国现代文学中的基督教修辞被证明用于表达共产主义社会革命的意蕴，也难被证明是受基督教精神的影响。借用修辞与相信是两回事。且不说文学修辞，就拿政治文本来说，毛泽东在《愚公移山》中讲："我们也会感动上帝的，这个上帝不是别人，就是全中国人民。"按顾彬想当然的推论，是否可以说，毛泽东与"新上帝"（中国人民）的关系，就是基督与上帝的关系，毛泽东成了中华民族的基督？幸而顾彬没有这样推论，否则，就把一种文学性修辞当真了。也许，他还不至于忘记，"上帝"本是儒家经书中的一个语词。

---

① 参冯友兰，《在接受哥伦比亚大学授予名誉博士学位仪式上的答辩》，见《三松堂全集》，卷一，北京大学出版社，1990；冯友兰晚年说，其一生的哲学问题都"围绕""旧邦新命"这个主题展开。参冯友兰，《三松堂学术文集》，北京大学出版社，1984，2页。

② 参黄子平，《革命·历史·小说》，香港：牛津大学出版社，1996，73–90页。

顾彬为其论断提供的每一项论据，在我看来，既经不起历史社会学的推敲，也经不起思想史的推敲。不过，他的论题激发我考虑这样一个问题：如果现代中国革命带有宗教性质，那么，这种宗教性质是什么，其精神资源是什么，它又如何与受西方现代化刺激而引发的中国现代化革命思想融构？顾彬是严肃认真的学者，我不能仅止于指出其论断的荒谬就了事，必须尝试回答他提出的论题。顾彬的论断是脆弱的，论题却不虚。

从毛泽东的学历说起

《毛泽东年谱》记载，青年毛泽东信仰"人之为人，以圣贤为祈响"的儒教伦理，服膺心学的成圣论，其精神气质是儒教圣人论染成的。青年毛泽东从心学观点解读新康德主义的《伦理学原理》（是不是有点像牟宗三读康德，甚至海德格尔的读法？[①]），表明儒家心学的成圣论乃是其理解西方思想的前理解。[②] 在致友人书中，青年毛泽东写道：

> 圣人，既得大本者也；贤人，略得大本者也；愚人，不得大本者也。圣人通达天地，明贯过去现在未来，洞悉三界现象，如之"百世可知"，孟子之"圣人复起，不易吾言"。……执此以对付百纷，驾驭动静，举不能逃，而何谬巧哉？（同上，20页）

[①] 参牟宗三，《智的直觉与中国哲学》，台北：商务印书馆，1971。
[②] 陈晋，《毛泽东的文化性格》，北京：中国青年出版社，1991，18－28页。

这些话无甚独见，不过抄书笔记。但抄什么书，记什么心得，反映出个体的心性所向。有了这种成圣心态，在时代变革提供的时机中，就会有受命感、成圣王感，产生改造人类社会、救济天下苍生的新的想象。

成圣论是宋学的基调，理学和心学皆然，差别仅在于成圣的成法。成圣论的思想质料有两个要点：第一，个我之心即为宇宙之心；第二，此心应担当德化和救济天下之大任。张正蒙的四句心宗是圣人政治论的精粹表达："为天地立心，为生民立命，为往圣继绝学，为万世开太平。"成圣论的内圣之学的内在逻辑推演出的，当是外王之功。① 成圣论营构的绝非个人（私人）伦理，根本是一种以圣人正义论为基础的圣人政治文化。青年毛泽东以为，"天下之生民各为宇宙之一体，即宇宙之真理，各具于人人之心中"。这种人人为圣人的精神，实是我为圣人的精神。要不是圣人自居当然正义，怎么会有"今吾以大本大源为号召，天下之心其有不动者乎？天下之心皆动，天下之事有不能为者乎？天下之事可为，国家有不富强幸福者乎？"的想象，怎么会有"当今之世，宜有大气量人，……根本上变换全国之思想。此如大纛一张，万夫走集；雷电一震，阴翳皆开，则沛乎不可御矣！"进而人人"若跻于圣域""彼时天下皆为圣贤，而无凡愚，可尽毁一切世法，呼太和之气而吸清海之波"的人世完美性诉求？② 要不是青年毛泽东在接受

---

① 参余敦康，《内圣外王的贯通：北宋易学的现代阐释》，上海：学林出版社，1997，279－363页。

② 中共中央文献研究室编，《毛泽东年谱》，卷上，北京：中央文献出版社，人民出版社，1993，28－29页。

西方世俗化的末世论之前,已心沁儒家追求人世完美性的圣人政治文化甚深,怎么会有如此一派圣人正义之论。

宋学的成圣论在晚清已是儒家教育的通识,支配中国个体人格成形的文化精神结构,青年毛泽东领受圣人政治论并不需要专门修习。例如,心学的圣人政治论也是后来被毛泽东视为自统的蒋介石的革命哲学的思想资源。蒋中正有言:"今天所讲的'致良知'三个字,是我们现在实行革命主义最要紧的'心法'。"这种精神基于"穷理于事物始生之处,研几于心意初动之时"。日人"窃取"王阳明知行合一致良知的哲学使日本成为"今日称霸的民族",中国的革命党人要救中国,必须复兴知行合一致良知的哲学。何谓"良知"?"爱国家,为国家牺牲,都是个人良心上认为应该做的事情,这就是良知。"良知精神外显为"生活的目的,在增进人类全体之生活","生命的意义在创造宇宙继起之生命"。① 蒋经国四十岁生日,蒋介石书"寓理帅气"匾额勉励,长长的题跋说自己"每日晚课,默诵《孟子》养气章。十三年未曾或间……",活脱脱一个儒教徒。可见,追求人世完美性的内圣外王精神也是蒋的民族革命精神的底蕴,尽管蒋是基督教徒。

心沁圣人正义论精神,往往会滋生对前世圣人的不满,这是欲成圣人的儒生的共性。青年毛泽东的成圣精神受康子(有为)影响,但毛子也以为,康子"徒为华言炫听,并无一干竖立、枝叶扶疏之妙"。康子的圣人精神在当时已惊世骇俗,其孔子改制论实为康子改制论,圣人改制精神

---

① 蒋介石,《自述研究革命哲学经过的阶段》,见季甄馥等编,《中国近代哲学史资料选编》,卷四,上海社科院出版社,1989,742、748-749页。

本于公羊家传统。圣人非难圣人,在心性上实难分高下,唯有在制定儒教宗法政治制度的想象上见高低。周公创制,孔子改制,后儒不在改制上动精神,怎么能成圣？公羊家的圣人改制精神与心学的成圣精神打成一片,就会养育出圣人超圣人的心态。① 成圣精神最终得落实在政治事功上,而政治事功必涉及国家政制的具体安排。因而,圣人非难圣人就不可能不是政制想象之争。孙逸仙"大道之行,天下为公"的革命精神与康子的圣人改制论的"大同"理念,都以圣人正义论精神垫底,精神气质没有实质差别,两者的分歧只在改制的具体理念方面。② 从这一意义上可以说,康、孙、蒋和毛都是儒家革命家,他们的革命精神有共同的儒家革命精神资源,强调孙、蒋与基督教的缘分或毛与马克思主义的缘分,都不足以把他们的革命精神的底蕴搞清楚。

因此有理由提出这样的问题：儒家思想是否是中国马克思主义的释义学背景？这问题对于搞清中国的共产主义革命精神的性质至为紧要,我在后面会详细讨论,不会大而化之。在此可以先推定,公羊家的圣人改制精神与心学的成圣人精神是现代中国革命者的精神资源。通过考察这

---

① 魏斐德在论析毛泽东革命思想的形成时,铺设了公羊学和心学两条伏线。参魏斐德,《历史与意志：毛泽东思想的哲学透视》,郑大华等译,贵阳：贵州人民出版社,1994,107页以下及251页以下。但其论述相当粗疏,没有充分注意到心学与公羊学的融构所形成的精神结构：德性的积累与天命之关系,推出圣人正义论的救世济民的革命精神。

② 孙逸仙在其《革命运动概要》中称"革命之名词,创于孔子,中国历史,汤武之后,革命之事实,已数见不鲜矣！"见《中华民国开国五十年文献》,第一编,第九册,台北,1963,292页；孙逸仙的三民主义与公羊春秋的思想关联,参柳岳生,《三民主义与春秋民族思想》,台北：三民主义研究所,1967,1-8页。

一精神资源的源流,搞清这一精神的品质,是本文力图承担的课题。

我要事先说明:我考的是儒家革命精神的源流,涉及的是精神现象,如此考法不能是从古书中抄一堆文献了事,重要的是分析这种精神气质的形成和传衍,以搞清这种精神气质的品质。我将采取现象学式的考法。这考法既非大而化之的空疏之说(如今文家的发皇),亦非黏滞于文本、饾饤琐屑、不侔大体的(古文家式)辩证,而是以历史文本为依据,追究历史中的某种精神现象,并对其思想质料作文化理论的分析。

考察儒家革命精神的源流,也就是考察中国马克思主义的释义学背景。正如不能在作为世俗化末世论的马克思主义与基督教思想之间划等号一样,也不能在中国马克思主义与儒教思想之间划等号。与前面提出的问题相关,我关心的是中国马克思主义与儒教思想之间的亲和性,以及中国马克思主义形成的文化精神背景。马克思主义是在现代世界性资本主义的政治—经济结构中出现的思想体系,即便从西方思想传统来看,也是一种新的世界观、价值观和政治文化。没有世界性资本主义的政治—经济结构和近代自然科学理论,马克思主义的出现是不可设想的。但若没有犹太—基督教思想资源,马克思主义的出现也是不可设想的。同样,中国知识人接受马克思主义,没有世界性资本主义的政治—经济结构对中华帝国的冲击和近代自然科学理论对中国知识人的刺激,是不可设想的;但若没有中国思想传统中的某种精神资源,毛泽东的马克思主义也是难以设想的。

既然中国思想传统中并没有犹太—基督教思想背景,

搞清中国思想传统中亲和马克思主义精神气质的因素，其意义远超出了思想史的范围。把话说明白，我也许可以从顾彬的第三层面的论题起步，在中国思想史域穿过他的第二层面的论题，再进到第一层面的论题。如果说，马克思主义与犹太—基督教思想的同构型是马克思主义末世论的外壳（其实质显然不同，不然所谓"世俗化"的说法没有意义），那么，马克思主义与儒家思想的同构型就不是一个什么的外壳，而是一个思想实体：对人世完美性的追求，其实质包括大同世界、人民民主、财富平等以及圣人正义论。

现代儒家革命论与华夏国家制度的正当性危机

在考察儒家革命精神的源流之前，请先进一步勘定儒家革命精神的现代现象。毛泽东的革命精神明显以马克思的革命论述为基质，仅指出青年毛泽东的人格精神的形成有儒家心学的精神资源，尚不足以支撑我的论点：毛泽东的马克思主义革命精神的质地是儒家革命精神。通过考察现代主流儒家的革命论说，看其是否与中国马克思主义的革命论说有精神上的同构性，相信可以进一步证实我的论点。

革命论是儒家思想的传统论说，出于三代（"殷革夏命"《尚书·多士》），显于汉代，汉代之后不彰，直到晚清才又成为显论。可以看出，儒教革命论的高涨与儒教宗法国家的政制理念的正当性是否稳固有关。三代时的革命说本是统治正当性的受命论法理，其时正值儒教国家政制理念的形成，革命就是改变"受命称王"的成命，通过与"民"

的关系转接天命,以显"德治"的正当性。从这一意义上说,原始的革命论的确与氏族贵族民主制的政治结构相关。但秦汉之后,君主帝国政体取代了氏族贵族民主政体,革命说并没有如有的论者所说的那样消失。① 在汉代今文家和纬书家中,革命说重新高涨。原因何在? 政制结构改变了,政制理想确立了,受命论的统治正当性的法理发生了转化:三代之制经先秦儒家的神圣化成为理想性的政制想象,春秋时代破损三代制度(礼崩乐坏),儒家革命论的法理基础随之转移为三代之制的制度创新理想。儒者本为三代制度所寄托之教士,没有不崇三代之制的,但崇法有不同:古文家主张复三代之制,今文家主张继周损益的制度创新。如果用现代政治文化的语言来说,古文家是保守主义(右派),今文家是激进左派。② 儒家革命论与三代之制的继周损益的制度创新想象有同体关联,因而属左派儒家的思想。按今文家(蒙文通)的讲法,秦虽然统一了中国,但偏离儒道(三代德治),继先秦儒家与法、道两家的政制论争,汉代今文家的革命改制思想致力于重新确立三代政制的正当性。因而,儒教革命论成为显论实际与恢复儒家政制理念

---

① 参斯维至,《说古代王权、革命与民主》,见氏著,《中国古代社会文化论稿》,台北:允晨文化公司,1997,137－149页。

② 古代儒家分左、右派,并非我的发明。儒教经史大师杨向奎有言:"荀子为孔学之左翼,而孟子为孔学之右翼,左右相辅而成为发扬光大之儒家。"杨向奎,《我们的蒙老师》,见蒙默编,《蒙文通记》,北京:生活·读书·新知三联书店,1993,54页。

三石善吉把犹太教的"千年王国"说当作一种普遍化的理念,提出"儒教的千年王国"论。三石没有触及儒教的革命思想传统,才得出了晚清"儒教的千年王国的论者……成为真正的近代保守主义的先驱者"的浮惑论断。参三石善吉,《中国的千年王国》,李遇玫译,上海三联书店,1997,149－151页。

的思想法权相关。①

汉代帝王采纳儒教（无论左右派）的政治理念，三代政制的理想正当性立于不可动摇的地位。无论复三代之制还是继周损益的制度创新，都是现世完美性的制度想象。三代宗法德治是儒教的政制神话，虽然在儒教形成以后的中国历史中，三代宗法德治的想象从未在现实形态上实现过，但这一制度理想也从未受到过挑战。

> 历自黄帝以来，代为更变，而夫子乃为取象于泽火，且以天地改时、汤武革命为革之卦义，则《易》之随时废兴，道岂有异乎？②

革命仅是天地改时，不涉大道的改变，革命论不彰，乃因大道（据先圣立法的典章制度或制度理想）不变。汉代至清，虽然胡人数次入主中华，儒教政制理念从未遇到另一政制理念的冲击。"故两千年来华夏民族所受儒教学说之影响，最深最巨者，实在制度法律公私生活之方面，而关于学说思想之方面，或转有不如佛道而教者。"（陈寅恪）晚清时期西方政制理念随军事、经济强力引入华土，儒教中国面临由宗法帝制国家转型为现代民族国家的政制选择，儒

---

① 现代古文家的讲法不同："秦之法制实儒家一派学说之所附系。《中庸》之'车同轨、书同文、行同伦'（即太史公所谓'至始皇乃能并冠带之伦'之'伦'）为儒家理想之制度，而于秦始皇之身，而得以实现之也。"陈寅恪，《冯友兰〈中国哲学史〉（下册）审察报告》，见氏著，《金明馆丛稿二编》，上海古籍出版社。秦制究竟实现还是背离了儒道，是另一问题，此不论。

② 章学诚，《文史通义校注》，叶瑛校注，北京：中华书局，1994，上卷，12页。

教国家的政制正当性出现"三千年未有"之危机,继周损益的制度创新革命论再度彰显因此不难设想。革命论说在近代中国思想界聒噪而盛,儒家传统的革命论说大彰,乃中国思想的现代性事件。

晚清的儒教革命论留待后文再说。这里先看西域的革命论说在中国思想界流布以后,现代儒家如何论说儒教思想传统中的革命思想。现代儒家的革命论说主要有两支:今文家的改制革命论和新儒家的内圣外王革命论。前者以陈柱、蒙文通为代表,后者以熊十力、牟宗三为代表。1928年陈柱刊行《公羊家哲学》,高标公羊学的革命说:

> 《公羊传》之说《春秋》,甚富于革命思想。汉何休注《公羊》,复立《春秋》新周王鲁之说,革命之义益著。……革命之义,是否为《春秋》条例,亦当别论,而孔子之富于革命思想,则显而易明,非可厚诬也。[①]

孔子是革命思想家!这一论断看起来与"五四"新文化论说中的反孔论相左,其实与"五四"革命精神一致。陈柱发明公羊学的革命说,与康子的"孔子改制论"的立意相同,都想要通过发掘儒教左派的思想资源来支撑中国的现代政制变革。不同的是,政治文化的语境变了,康子的君主立宪构想不再有吸引力;受法、俄革命论影响,现代革命论说在思想界取得了主流地位;于是,公羊家就把

[①] 陈柱,《公羊家哲学》,见《经典与解释20:犹太教中的柏拉图门徒》,北京:华夏出版社,2007,212页。

"孔子改制论"改述为"孔子革命论"。蒙文通稍晚出,进一步按"五四"革命精神阐发今文家的革命说,不限于公羊家,系统辩证今文家传统中的革命思想,发明出今文家革命思想的材料分布:《齐诗》《京房易传》和《公羊春秋传》,并指其源本于孟荀的汤武革命说。①蒙文通发皇今文家革命论说的文本主要是《儒家政治思想之发展》和《孔子与今文学》,前文作于三十年代(文言文),后文作于六十年代初(语体文),内容相同。在蒙文通看来,晚清公羊大师未能区分改制与革命,因而未能大显今文学中革命论的精义和全貌:

> 晚清之学,急于变法,故侈谈《春秋》,张"改制"之说,而公羊之学,显于一时。然"改制"之义,才比于"五际"之"革政",而"五际""革命"之说,未有能恢宏之者。……惜哉齐诗、京易之秘,当时未之能发也。②

蒙文通的论点与马克思主义的中国思想史家对晚清公羊家的批判已经达成一致,尽管批判的思想资源不同,都指晚清公羊家思想是改良,而非真的革命。③ 批评的要害不在于指出康子忽略《齐诗》《京房易传》中的革命思想,而在于指康子未得今文家革命论的真义。

---

① 蒙文通,《孔子与今文学》,见氏著,《经史抉原》,成都:巴蜀书社,1995,166-175页。
② 蒙文通,《儒家政治思想之发展》,前揭,168页。
③ 参侯外卢,《中国近代启蒙思想史》,北京:人民出版社,1993,93页以下。

何为真的今文家革命思想？今文家的革命论不是一套空疏之说，其实质在于提出了一套具有人民民主平等理想的典章制度设想。

> 今文家所讲之"一王大法"乃万民一律之平等制度，既与贵贱悬绝之周制不同，亦与尊奖兼并之秦制相异，而为当时儒生之理想制度，故今文师说所陈礼制多有精深大义，如井田以均贫富，辟雍以排世族，封禅以选天子，巡狩以黜诸侯，明堂以议国政，殆皆所谓"非常异议可怪之论也"。且谓持此诸制之学者为秦汉之际之新儒家，而与维护贵族世卿制度之孔孟旧儒家偭然有辨也。①

孔子的政制思想还是贵族性的，今文家的制度设想才是真正民主性的，今文家的革命论正是为了实现"万民一律之平等制度"！现代的"人民民主"论的精神气息难道没有从这些论点中扑面而来？的确，蒙文通的论点带有今文家内部的家法之争的因素，追随其师廖平，以制度辨今古之分的礼制说攻康子：今古文之争不在字体、文本的不同，而在制度理想不同。② 究竟不同在哪里？蒙文通发皇出"人民民主"论，当然比廖平（遑论康子）"进步"多了。

蒙文通思想中的如此精神气息从哪里得来？

肯定不是从马克思主义那里读来的（蒙文通说，自己在五

---

① 蒙文通，《论经学遗稿三篇》，见氏著，《经史抉原》，前揭，155页；亦参《孔子与今文学》，前揭，198页。
② 参蒙文通，《井研廖季平师与近代今文学》，见氏著，《经史抉原》，前揭，112页。

十年代的思想改造运动时期才读马列的书)。蒙文通显然受"五四"革命精神气息感染,没有读过马列的书,恐怕也听说过卢梭的人民民主论。但蒙文通发明的今文家所谓"万民一律之平等制度"理想难道仅是依"五四"革命精神构造出来的?两种人民民主论同调只是巧合?

与青年毛泽东和蒙文通一样,现代新儒家的宗师熊十力对康子的革命精神颇感不足,指责康长素侈谈小(康)大(同),乱《礼运》真旨,未得儒家革命精神的真髓。与蒙文通不同,熊子不以为儒家革命精神的要义是汉儒所创:

> 孟荀虽立言革命,而只谓暴君可革,却不言君主制度可废,非真正革命论也。惟礼运天下为公,选贤与能,而深嫉夫当时之大人世及以为礼。此乃革命真义。孟荀识短,犹不敢承受也。七十子后学之同乎孟荀者当不少,孔子之道所以难行也。①

民主革命论仅为孔子所造,孔子后学皆失其旨。这话听起来就像是说,唯有熊子才得孔子《礼运》民主理想要义。如此唯有"我"得孔子真精神的自信是大儒的通性,此不遑论。与蒙子一样,在熊子眼里,康子"拥护君主统治阶级与私有制,而取法三代之英,弥缝之以礼义",显得成了右派儒家,他要倡"同情天下劳苦小民,独持天下为公之大道,荡平阶级,实行民主,以臻天下一家,中国一人之盛"(同上,163 - 164页)。我实在分辨不出,这些话语

---

① 熊十力,《原儒》,台北:明文书局,1988,卷上,162页。

与中国马克思主义者的革命说有何不同。相当清楚的是,按熊子的革命论,他不认同并礼赞毛泽东的革命精神,那才让人费解了。

熊子所说的《礼运》理想正是顾彬所谓的人世完美性,亦与卢梭-马克思的"人民民主"精神同质。这种政治理想究竟是原始儒教所本有的,还是依"五四"革命精神构造出来的?无论如何,熊子责康子未持守这理想,其实不公允。康子明明说过:

> 尧、舜为民主,为太平世,为人道之至,儒者举以为极者也。……孔子拨乱升平,托文王以行君主之仁政,尤注意太平,托尧、舜以行民主之太平。①

实现现代民主政体有不同的方式(君主立宪式、民主革命式),熊子同蒙文通不满君主立宪,要民主革命,与康子只是在民主政体的制度设想上有分歧,精神气质(国族性精神价值的担当和圣人革命精神)并无不同。请看熊子对《易经》乾卦六爻的"革命性"解释:

> 乾卦初爻,潜龙之象,表示庶民久受统治阶层之压迫。处卑而无可动作,故以潜龙勿用为譬。二爻,见龙在田。则以庶民,因先觉之领导,群起而行革命之事,如龙出潜,而见于地面。三爻,终日乾乾。言君子志乎革命大业、必自持以健而又健,不忘惕厉。

---

① 康有为,《孔子改制考》,《康有为全集》,卷三,上海古籍出版社,1992,1232-1233页。

四爻,或跃在渊。此言举大业者,屡经胜败。或跃而上天,或退坠在渊。此皆势所必有。五爻,飞龙在天。则以革命从艰难中,飞跃成功。统治阶级消灭,一国之庶民,从此互相联合,共为其国之主人。天下之庶民,亦必互相联合,同声相应,同气相求,群起而担荷天下太平之重任。……乾之上爻,明明断定君主制度无可维持之理。①

如此解经难道不让人大开眼界,奋发革命斗志?

我们切莫介入现代化儒子们家族内的论争,以免模糊了视线。得看清楚的是:现代大儒倡革命论,重新辨证礼制理想,称之为真正的人民民主,盖因礼制理想本是儒教国家的精神命脉,夷狄交侵之际,尤需持守。康子的大同理想看似指向人世圣境,实为支撑儒教民族国家的文教制度理念不坠的现世使命。公羊子、何休的革命论开创了这一思想模式,其时,夷狄交侵的处境催生儒生存三代文教之制的使命感,传《春秋》微言大义,皮锡瑞所谓"异外内之义与张三世相通,当竞争之时,尤当讲明《春秋》之旨"。②康子、蒙子和熊子都身处新的夷狄交侵之际,重新审辨礼制说,与王国维审辨殷周制度、陈寅恪审辨隋唐制度一样,皆因应西方政教制度的挑战。康子、蒙子和熊子都秉承公羊子儒教式的国家礼制的守护人意识,只不过现代夷狄的制度论使康子、蒙子和熊子更换了公羊学的制度论。毛子身处同样的时代,按公羊家的革命论,此时当有

---

① 熊十力,《乾坤衍》,台北:学生书局,1987,430–432页。
② 参皮锡瑞,《经学通论》,北京:中华书局,1982,春秋卷,8页。

圣王受命，以葆尧舜之道。毛泽东与现代诸子不同的仅是，他要当儒教国家临危受命的圣王。做现代圣王，康长素的维新改制行动已尝试过了，可惜太保守。毛子继而为之，何足谓异常？

深痛夷狄交侵，儒教宗法国家的礼制理想不保，看来是儒家革命精神的动机结构，熊子与康、蒙等大儒分享着这种精神底蕴。就具体的革命论说而言，熊子主要不是依傍汉儒改制论，而是宋儒的"内圣外王"说。虽然熊子对《春秋》三传尤赞《公羊》，持孔子作《春秋》的今文家论：

> 三传当以《公羊》为主。孔子大义微言，惟《公羊》能传之。《穀梁》，昔人以为小书，于大义颇有得，而不足发微言。《左氏》则记事之史耳。汉博士谓其不传《春秋》，诚然。①

但熊子的革命论不像陈、蒙本于公羊家立说，而是以心学成圣论立论，以心学解《易》，倡心体即道，立圣人之志，一派心学家言：

> 夫圣人之道者，必有高尚之志。未有志趣卑污，而可闻大道者也。故学问有基本焉，立志是也。昔者阳明有示弟立志说云：夫学莫先于立志。志之不立，犹不种其根，而徒事培拥灌溉，劳苦无成矣。世之所以因循苟且，随俗习非，而卒归于污下者，凡以志之

---

① 熊十力，《读经示要》，台北：乐天出版社，1973，卷三，131页。

弗立也。故程子曰：有术为圣人之志，然后可与共学。人苟诚有求为圣人之志，则必思圣人之所以为圣人者安在，非以其心之纯乎天理而无人欲之私欲。(熊十力，《读经示要》，前揭，卷二，2页)

经过依心性论释易传"生生不息"，熊子接通《礼运》大同理想，赋予"王"以现世宗教的含意：

> 王者往义。群生共往太平之道，而其功力无止境，故曰往也。圣学归根，在天地万物一体处立命。外王学之骨髓在此。其创化、敷治，极于裁成天地，辅相万物。又曰位天地、育万物。其道广大，其智广大，其规模宏阔。(熊十力，《原儒》，前揭，38-39页)

熊子把外王学推向世界革命之境，与毛泽东可谓心有灵犀。有了圣人之心，必感人世之不完美，遂起改天换地的革命之心。此心与华夏民族国家的夷狄交侵之危相系，公羊儒家的革命理想就有了精神动力。牟子（宗三）按熊子思想的旁衍发皇，圣人之心必然显发在事功上，亦即显发在政治上，其革命论说是圣人受命改制。为学修身是为了当圣王，"在现实历史造势中，衍生学术，构造政治，实为谐和统一之一套，在'构造的综合'中而为一体"。[①] 儒家革命精神以道德身位为基础，这身位是受命于天的身位。心学成圣论的政治哲学含义因此乃是一种圣人正义论。牟

[①] 牟宗三，《略论道统、学统、政统》，见氏著，《道德理想主义的重建》，郑家栋编，北京：中国广播电视出版社，1993，93页。

子的革命论突出了圣人的德性积聚与受命改制的内在关联:

> 孟荀俱以汤武革命为合法，俱以桀纣为独夫。革命的根据在天命、受命。天命之根据在积德。积德而民归之、天应之，是即天命之也。德衰而失民，则天废之矣。①
>
> 革命者，变更其所受于天之命也。在以前，统治者之取政权，于现实方面是凭其德与力。及其德足以服众，力足以驭众，在现实上无足与竞，其自身便成一实际上之无限，顿觉其生命遥与无接，因而便谓其统治是受命于天。既以为上天命其统治，则实际上一时之无限（即才质之无限）便有一超越者以提升之而圆满其无限，遂转而为理性上之无限。所谓乃武乃文、乃圣乃神是也。（同上，3-4页）

同蒙文通、熊十力一样，牟宗三听说了一些现代民主论，认为先儒的革命论尚是封建的革命正义论，但他相信从中可以开出现代民主，现代的民主革命正义论的依据还是天，这"天"的含义还是"人民"。儒家政治思想以德治天下的根本原则是"服从"人民，"人民是主，而治者是宾"（牟宗三，《政道与治道》，前揭，117页）。儒教德治本来就是民主制，需要现代化的仅是政治事功方面。以儒教的德性贯通西方现代政治的制度因素（尤其法律制度），儒教民主的现代义就可以开出来了，此可谓内圣外王的圣人政治论:

---

① 牟宗三，《政道与治道》，台北：学生书局，1980，13页。

> 外王者，根据内圣方面之道德礼乐之本，再撑开逆之以建立第一义之制度，下贯第二义之制度、之"事功之道"也（非圣功之道）。（牟宗三，《政道与治道》，前揭，23-24页，参93-106页）

听起来，牟子的民主政治论与德治者的语录"为人民服务"没有什么差别。至少，牟子的话让我明白，毛泽东说"我们也会感动上帝的，这个上帝不是别人，就是全中国人民"时，可以勘定，这"上帝"不是基督教的上帝，而是顺天应人的天命。毛泽东与牟宗三的政治思想根本上的相通就在于内圣外王，以道德精神贯入政治制度层面，不使内圣与外王对立、割裂。心学的成圣论已经造就毛泽东这样的圣人，牟子不为"东方红，太阳升"感到兴奋，可谓理论脱离了实际。就此而言，牟子哪还有理据批判毛泽东的"文化大革命"的制度创新？

牟子所说的"非圣功之道"正是现代的民主法制，岂可与毛泽东的"无法无天"同日而语？对于这样的质疑，不妨问一问，毛泽东真的"无法无天"？"人民"是不是牟子声称的"天"？内圣的礼乐之"天"不过是儒教的自然法，古今儒教圣王不都声称自己"民归之，天应之"？马克思主义的理想不可谓不高，现代大儒将之尊为新礼义，"法后王，一制度，隆礼义而敦诗书，其言行已有大法矣"（荀子《儒效》）。人民民主专政是不是毛子的"法"？此"法"是不是依此"天"撑开、下贯而成的？不知何谓程序正义论和实证法律制度，才会以为靠内圣的道德礼乐可开出自由民主的政制和法制。要是牟子读过凯尔森（Hans Kelsen）

关于自然法与实证法不兼容的论述（或者认真研究过康德的第四批判也行），就会明白内圣的礼乐开不出自由民主的政制和法制。①

现代儒家革命论毕竟不是马克思主义的革命论，不讲阶级斗争。现代儒家学说毕竟不是一种现代的社会理论，没有一套发展生产力的经济理论和"科学的"历史观垫底。我这里要探究的不是中国马克思主义与现代儒家思想的同一性，而是两者在精神气质上的亲和性，进而透视中国马克思主义的儒教精神根源。中国马克思主义不是从儒家革命论中自然衍生出来的，而是受过儒教文化教育的知识人接受西方社会主义思想后发展出来的。没有现代性事件，马克思主义不会出现；没有儒教文化传统，也不会有中国的马克思主义。上述对现代儒教思想家的革命话语的考察，已经可以证实儒教革命思想与中国马克思主义在追求现世完美的道义政治观上具有精神同构性：政制理想中的平等和人民民主理念、以道德性贯通政治制度的统治法式（人民民主专政）、革命者的救世主意识（无产阶级先锋队）以及在夷狄交侵处境中对保守华夏理想政制传统的文化民族主义的承担（反帝反封反殖）。

中国马克思主义推行的革命不是把中国传统文化视为封建文化？"文化大革命"难道没有摧毁中国传统文化？对于这样的质疑，可以提请记起儒教思想内部源远流长的左派与右派、"法先王"与"法后王"、"大儒"与"俗儒"的冲突。现代儒家的革命论依据古代儒家的思想资源，没

---

① 参凯尔森，《法与国家的一般理论》，沈宗灵译，北京：中国大百科全书出版社，1996，425－488页。

有一套依据对现代资本主义经济制度的批判理论和所谓科学的历史观发展出来的阶级斗争学说,又有什么好奇怪?倘若有现代儒生把社会主义理论结合到古代儒家的革命思想结构中(可谓法后王),不正好"创造性地"发展了儒家革命思想,使西方(亦即现代)的马克思主义与儒教思想传统相结合,通过批判传统文化而"创造性地转化"出现代化的儒教文化?中国马克思主义难道不可以是儒家思想现代化的一种类型?

"法先王"的儒家当然可以找到理由否认这一类型是纯粹的儒家思想。对于"法先王"的儒家来说,儒学既不需要现代的社会主义理论,也不需要现代的资本主义理论,仅有内圣外王学就够了。马克思主义化的现代儒家不也可以嘲笑"原儒"者们的法先王不识时务,要他们背上使儒教精神僵死的历史罪过?任何思想系统或流派中都会有左、右派之间的打斗,现代儒家内部有左右派打斗也不是什么新鲜事。当年荀子指斥子思、孟子一路"不知隆礼义",判为"俗儒",称知类、统类,"法后王,统礼义,一制度,以浅持博,以今持古,以一持万"(荀子《儒效》)才是大儒。马克思主义化的现代儒家不也可以指斥熊子和牟子一路为"俗儒"?宋儒先觉涵化佛教义理,"既融成一家之说以后,则坚持夷夏之论,以排斥外来之教义"(陈寅恪)。现代新儒家继承此遗业,涵化西方义理而能大成,但儒教偏重的政治制度遇到的挑战,承宋学的现代新儒家并没有能力应付。"法后王"的荀子吸纳法家思想,现代"法后王"的儒生涵化西方社会主义义理,吸纳现代经济理论(社会主义政治经济学)、科学的历史观(辩证—历史唯物论),因应现代政治组成教团,未尝不能"一方面吸收输入外来之学说,一方面不忘本来民族之地位"。儒教与西方马克思主义结合，有何不可？马克思主义化的儒家像荀子斥思、孟为"俗儒"那样，来一番批孔孟之道的运动，又会难理解到哪里去？批倒孔孟，可崇的儒教圣人还多的是——禹、汤、文、武、周公，未见批到他们头上，怎么能说批孔孟之道就不是儒了？孔子继承周公使命，开创中国政教纪元。如今现代性"天翻地覆慨而慷"来了，中国将进入新的世界，要继承周公使命，不革掉孔子之命怎么行？周公的使命不就是革前代的天命而来的？

法后王的马克思主义化儒家和法先王的内圣外王的现代儒家究竟哪一个是"俗儒"？"俗儒""大儒"都是儒。现世完美诉求和圣人正义的精神气质，无论法先王还是法后王的儒都有。

没有必要在这个论题上再多费笔墨，我毕竟不是要讨论中国马克思主义的思想结构本身，而是探讨其精神的释义学背景。请先小结一下：依循心学的成圣精神，辅之以公羊家的圣人改制精神，就构成了宗教化的、追求现世完美性的革命精神及其制度创新的政治文化风格，"内圣外王"论尤为显明地表达了儒生之政治使命的宗教性。毛泽东的革命精神的气质正是这种儒教革命精神。现世性的神圣革命精神岂是法国大革命首创，又岂非要基督教的现代世俗化来开导？常言道：中国古已有之。

《易传》汤武革命论及其释义学

革命话语的通胀是现代现象，"革命"论虽中国（儒教和道教)古已有之,但毕竟是在现代语境中才成显论。古今帝王即便靠革命起家,得政之后都不乐意儒生再谈革命。汉景帝对今文家辕固生和黄生的辩论发话:

> 食肉毋食马肝,未为不知味也;言学者毋言汤武革命,不为愚。(《汉书·辕固传》)

现代儒家发皇传统革命论说,既然有现代性语境中华夏政制的正当性危机的背景,儒家革命论传统与西方现代民族国家革命论的亲和性及其融贯,就隐含着一些现代性的重要课题;要理清其中的结构关系,必须先搞清儒家革命论的源流,考察这种革命精神的释义学背景,看其思想质料是如何历史地积聚起来的,以便搞清儒家革命精神的气质(Ethos)结构。至于上节末尾涉及革命精神的正当性理据的讨论,就暂且搁一下。

现代大儒异口同声说,儒家"革命"论始于"汤武革命"论。《易传·革卦》所言"天地革而四时成,汤、武革命,顺乎天而应乎人,革之时义大矣!"是儒家革命论的基本论源,这虽已是众所周知的文献史识,但释义并不清楚。

按传不破经的经学家法,在考辨《易传·革卦》的汤武革命论之前,先看一下《易经·革卦》的涵义。主离传释经的高亨说:"革卦"之"革"有本义和引申义,本义即《说文》谓"革,兽皮治去其毛革更之",所谓革韦之革;引申义是"改革之革";卦中的"已日乃革之","革言三就有孚"和"有孚改命吉"都是引申义,与国家的祀的活动有关。① 按晚近黄凡的历史学辩证:"革卦"记载的是周成王加元服的历史事件,"革"的本义是"皮",引申义为皮革帽;"后世凡言改革、变革、去革、更易、戒等义者,皆由冠礼之义引申而出。"② 照此看来,易经"革卦"与周代的国家宗法行为(祀,成王冠礼)有关,具体说来,这种关系就是周成王加元服与国家政权转移的关系:

> 所谓冠礼,或加"元服",在当时只是称为"革",即皮帽。加上九四"改命"的记载,更说明成王的革礼原本只是政治权力移交的象征,是一种政治手段,与后世徒具形式的冠礼已经有很大的不同。③

革卦中同样重要的是"命"的观念,因为革的对象是"命"。按九四"改命"的意思,政权转移是天命承受的转移,表明周代国家政权的正当性形式是承天命。周人的天帝已脱祖宗神型,乃是由自然天引申出的天神,赋予地上统治者统治的合法性(谁当承受天命),这可能源于夏朝的"祀夏以配天"的国家统治传统。中国的朝代更易,必须引征天命,正出于这一传统。④ "革"的源初含义是革新政治法统之故,去旧布新(《杂卦传》:"革,去故也")。由于承天

---

① 参高亨,《周易古经今注》,北京:中华书局,1984,303-304页。
② 黄凡,《周易:商周之交史事录》,下卷,汕头大学出版社,1995,805页。
③ 同上,上卷,223-224页。
④ 参许倬云,《西周史》,北京:生活·读书·新知三联书店,1994,106-108页;谢维扬,《中国早期国家》,杭州:浙江人民出版社,1995,376-378页。

命的证明往往是君主的德性和人民的意愿（"崇德贵民"），①革"命"的理由（所谓正当性）也就与革命者的德性和人民的意愿相关。三代之时，政治冲突主要是由王室与贵族争夺国家的支配权构成的，贵族据"自由民"的利益（德）自称承天而革王命。② 《易传·革卦》为此提供了说明："天地革而四时成，汤、武革命，顺乎天而应乎人，革之时义大矣！"

稍加辨析，就可看出这段传言的含义有三层。第一句是对自然现象的描绘，第二句讲人世的革政，第三句讲这革政的合法性。第一层含义与第二层含义的关系究竟是怎样的，可以有不同的解释。《易·正义》说：

> 此先明天地革者，天地之道，阴阳升降，温暑凉寒，迭相变革，然后四时之序皆有成也。汤武革命，顺乎天而应乎人者，以明人革也。夏桀、殷纣凶狂无度，天既震怒，人亦叛王。殷汤、周武聪明睿智，上顺天命，下应人心，放桀鸣条，诛纣牧野，革其王命，改其恶俗；故谓汤武革命，顺乎天而应乎人者。③

天地革者是自然，天地间的四时变更（春夏秋冬）乃"革"的自然现象，可谓天命运转的表现。人革则是道德行

---

① 参江晓原，《天学真原》，沈阳：辽宁教育出版社，1991，20–30页；陈来，《古代宗教与伦理：儒家思想的根源》，北京：生活·读书·新知三联书店，1996，161–243页，尤其196页以下。
② 参斯维至，《华夏民族文化的形成》，见氏著，《中国古代社会文化论稿》，台北：允晨文化公司，1997，491–492页。
③ 引自章学诚，《文史通义校注》，叶瑛校注，前揭，15–16页。

为，天地之革与人之革的法理关系究竟如何，关键在如何解释"顺乎天"。任何经文的含义都不是求得源初语义就可了事，某一经文的文化效力更多出于后世的历史贤哲们的解释产生的政治文化功能。依我看，《易传·革卦》释义为政治变革提供的正当性理由有两种不同的类型：自然的和道义的。自然的解释是说，人世中的政权转移（商汤代夏、武王代殷）有如自然四时的天命运转；这种释义并未给革命提供某种道义优先的理由，政权的转移或政制的革新，有如自然时节的变化，无道义性的"应该"，此为"顺乎天"。道义性的解释是：根据某一道义理由（仁义、德性、人民之愿或现代的道德自由、财富平等）的"应该"推出政权转移或政制革新的正当性；这必然引出"受命"的证明机制，此亦为"顺乎天"。

自然的和道义的"顺乎天"的差别，对于我们的问题来说，非同小可。这种差别是如何形成的？一种可能是源于周人天神观的两种不同性质：自然神和道义神。众所周知，周人天神的这两种性质在周代文本中并不易区分。另一种，在我看来，更可能是儒家的释《易》取向导致的。《周易》本为六艺之一，作为占验之书，可以有各种不同的用法。《易传》伊出，就开始了《周易》的儒家化。《易传》对《易》的释义是道德性的，即以"观象修德"和"观象行事"为释义原则。这种"德"不是老子或斯多亚式的自然法理之德，而是"周公之德"。所谓"天地感而万物生，圣人感人心而天下平"（咸，彖），"观天之神道而四时不忒，圣人以神道设施而天下服矣"（观，彖），"天地养万物，圣人养贤及万物"（颐，彖），"观乎天文，以察时变；观乎人文，以化成天下"（贲，彖），无不把自然现象与

"周公之德"有寓意地联系起来。《易传》对《易》的释义不仅确立了儒家对《易》的解释权,《易》由此成为儒教的六经之一,重要的是确立了道义化的释义取向,使《易》理成为圣人的崇德广业的法理。① 可以说,《易传》乃是儒教的圣人正义论的基本法理资源之一。

《易传》的"革卦"释义因此导致了对汤武革命自然的和道义的不同解释方向。若按自然性的解释,汤与夏桀、武与殷纣的更替只是有如时节变换,即便民不聊生,也是统治能力和天时地利诸因素造成的,无需给被革其命者加上种种道德恶名。自然性的革命释义的要点是,革命要重时机,有如四际之革变,其时机自然而然,恰到好处,如今人徐志锐所谓"变革之事去旧取新,事关重大,不可轻易进行……到了非革之日才能进行变革"。② 按此释义,革命的"顺乎天"之意是"应时"。下面两条释文虽出于今人,却是据自然义而释,清楚地表明了自然性的革命释义。

> 改革乃自然界与社会之普遍规律,但必适应时之需要。天地应时而革,所以四时成。汤武应时而革桀纣之命,所以顺天应人。革之应时,乃能成其大也。③
>
> 四时相代实相革,期无或爽,信也。汤武革命,天人皆应,亦信也。不信则不能革。故时之所关甚大,此其义也。④

---

① 参李耀仙,《〈周易〉及其儒教化的过程》,见氏著,《先秦儒学新论》,成都:巴蜀书社,1991,182-214页。
② 参徐志锐,《周易大传新注》,济南:齐鲁书社,1979,408页。
③ 高亨,《周易大传今注》,北京:中华书局,1984,303-304页。
④ 尚秉和,《周易尚氏学》,北京:中华书局,1980,224-225页。

这里没有道义性的释义，信与时机相关，而非与仁义相关。这种"革"的释义重时节性的"变更""变动"，所谓"三十年为一世，可更革也"。若与道义的革命释义相区别，可用《易经·革卦》九四中的"改命"（改变天命王权）来表达，其义有如自然生命的兴衰，政权相替是自然事件。

孟、荀的汤武革命释义推进了《易传》的儒教圣人正义论确立的道义性释义典范，他们的政治理念以仁义礼制为尚，其革命论自然也就是道义正当性的革命论。孟子对齐宣王问汤武革命的正当性的回答如下：

> 贼仁者谓之贼，贼义者谓之残，残贼之人，谓之一夫。闻诛一夫纣矣，未闻弑君也。①

荀子说得更清楚：

> 圣主没，有执藉者罢不足以县［悬］天下。天下无君，诸侯有能德明威积，海内之民莫不愿得以为君师，然而暴国独侈，安能诛之，必不伤害无罪之民，诛暴国之君若诛独夫。若是，则可谓能用天下矣。能用天下之谓王。汤、武非取天下也，修其道，行其义，兴天下之同利，除天下之同害，而天下归之也。（《荀子·正论篇》）

按孟子的论说，政权相替基于国贼与行义者的区分。

---

① 焦循，《孟子正义》，北京：中华书局，1987，上卷，页145。

这就开了以后视汤武为圣人的先声。荀子称汤武为圣人，指斥那些认为汤武弑君不义的说法为"世俗"之见，而非道义高见。孟、荀对汤武革命的释义已营构出道义革命论，其关键词是替天行义，革命的对象是独夫民贼，革命者就是有德之人，取得权位即为圣王。有论者说，汤武"革命"论的基本含义是"改朝换代，以武力推翻前朝，包括了对旧皇族的戮……这是西方 revolution 的意义所没有的"。① 此说未得要领，革命作为政权转移（改朝换代）的形式包括禅让，"'革命''禅让''素王'本来就是三位一体的不可分割的学说"。② 如果革命与禅让都是政权转移方式的形式，"革命"论的基本含义就不是"改朝换代"（荀子所谓"汤、武非取天下也"），而是改变（革）统治者执政的正当性法理（命），改变国家社会的道德基础。"革命"论的重点含义也不是以暴力取得政权而有别于禅让，因为，并非武力性改朝换代都可称正当，不然，孟、荀的汤武革命之正当性辩证没有意义，孔子作《春秋》（《公羊传》）辩"弑"就没有意义。根本上，对孟、荀来说，汤武革命的性质是道义政治性的，而非自然政治性的。蒙文通指出：

> 孟荀是先否认桀纣所受的天命，然后提出汤武不弑篡。《易传》则是承认桀纣所受的天命，但是却认为

---

① 参陈建华，《现代中国革命之源和"革命"话语的跨文化之旅》，见《二十一世纪》，6（1997），86 页。
② 蒙文通，《孔子与今文学》，前揭，172 页；"禅让说为一种说明君主政权权力来源之理论，亦可谓系一种转移政权方式之纯形式之说明"。冯友兰，《中国政治哲学与中国历史中之实际政治》，见氏著，《三松堂文集》，前揭，401 页。

这个天命是可以革去的,明确提出了"革命"的概念。(蒙文通,《孔子与今文学》,前揭,167页)

孟荀关心的不是"革",而是统治是否正当。

汉代今文家的汤武革命释义,一方面传承了孟荀的道义性释义,革命是为民除害,民为天下之心。今文家干宝释"革之时大矣哉"说:

> 革天地,成四时;诛二叔,除民害;天下定,武功成;故"大矣哉"。①

另一方面,汉代今文家给予汤武革命的道义性释义以宗教性的推衍,对革命进一步予以圣化。道义性释义与宗教性释义的不同在于:道义是正当的,并非一定是神圣的,宗教性的则是神圣的。汤武革命的道义性释义的关键词是"义",宗教性释义的关键词是帝王作为圣人"受命",干宝所谓"帝王之兴,必俟天命"。② 圣人"受命"而革命,其神圣性自然而然。从汉代今文家对汤武革命的种种释义,可以清楚地看到顺天说向受命说的推移:

> 夫桀纣荒乱,天下之心皆归汤武,汤武因天下之心而诛桀纣,桀纣之民弗为使而归汤武,汤武不得已而立,非受命为何?(《汉书·辕固传》)

---

① 李鼎祚,《周易集解》,陈德述整理,成都:巴蜀书社,1991,201页。
② 干宝,《晋纪论晋武革命论》,见萧统编,《文选》,李善注,上海古籍出版社,1996,卷六,2174页。

> 虞翻曰：汤武谓乾，乾为圣人。天谓五，人谓三。四动，顺五应三，故"顺天应人"。（李鼎祚，《周易集解》，200页）
>
> 干宝曰：夫子又为序卦，以明其承受之义。然则文王、周公所遭遇之运，武王、成王所先后之政，苍精受命短长之期，备于此矣。……汤武逆取，非唐虞之迹，桀、纣之不君也。伊尹废立，非从顺之节，使太甲思愆也。……凡此皆圣贤所遭遇异时者也。……是以圣人之于天下也，同不是，异不非。百世以俟圣人而不惑，一以贯之。（李鼎祚，《周易集解》，361－362页）

于是，汤武成为圣人，其历史身位可与尧舜相齐。董仲舒《春秋繁露·尧舜不擅移汤武不专杀》则明显以受命论来贯通道义论：

> 王者亦天之子也，天以天下予尧舜，尧舜受命于天而王天下……儒者以汤、武为至贤大圣也，以为全道究义尽美者，故列之尧舜，谓之圣王，如法则之。（苏舆，《春秋繁露义证》，前揭，219－220页）

革命是神圣的现世政治性行为，用马克思主义的话语说，是道义性优先的阶级推翻道义性落后的阶级，其政治行动的神圣性在于，革命者是正义或进步的化身。在今文家那里，革命者则是天命的化身。通过今文家的宗教性汤武革命释义，《易传·革卦》的"天地革而四时成"与人革的关系就成了既现世又神圣的，革命是替天行道并改天换地的宗教性政治行为；既是宗教性的政治行动，必应有制度创新，更新政治文化符号。郑玄释"革"曰：

> 革，改也。水火相息而更用事，犹王者受命，改正朔，易服色，故谓之革也。（李鼎祚，《周易集解》，199页）

按先秦和汉儒的释义，汤武革命已是道德—宗教革命。现世的道德—宗教性革命非法国大革命首创，可谓中国古已有之。从孟荀到今文家的汤武革命释义学完成的道德—宗教义理的革命论，构成了现代中国革命思想的第一个释义学要素。

汉代今文家的"素王"革命论

汉代今文家的革命论远不止于汤武革命的释义，按蒙文通说，汉代今文家的革命论包括《齐诗》"五际"革命说，《京房易传》"四时"革命说和公羊家的孔子"素王"革命论。其实，蒙文通此说亦欠周全。首先，他没有提到纬书中的革命思想；其次，《齐诗》和《京房易传》与公羊家的革命论，在性质上有很大差异，若不加审别，很难见出今文家革命论的重大发展。依余拙见，《齐诗》"五际"革命说和《京房易传》"四时"革命说与《易传·革卦》的孟荀式释义的类型相近，而公羊家的孔子"素王"革命论则大为不同。汤武革命的历史事件及其释义的宗教性，有因事件本身和汤武的身位带来的拘限。公羊家的孔子"素王"革命论则突破了这一拘限,使儒家革命精神超越了《易传》汤武革命的历史事件,进而推进了革命论的宗教性。不妨先看一看齐诗家和京房易说的革命论的具体蕴涵。

> 《易》有阴阳,《诗》有五际,《春秋》有灾异,皆列终始,推得失,考天心,以言王道安危。(《汉书·翼奉传》)

齐诗家翼奉此说表明,今文家有共同的基本关怀("王道安危"),也有依各经的质料不同而各有不同的论说。将人革现象与阴阳、五际、灾异诸自然理则相关联,是今文家的共同家法,但阴阳、五际与灾异在现象的性质上是有差异的,后者是天帝意志的表达,前者不一定是。四时、五际首先是单纯的自然现象,因而四时、五际革命论还是《易传·革卦》的思想类型,即依对自然变相的道德—宗教化解释来论人革现象的法理。《京房易传》的"四时"革命说明显如此:"京房以儒者明易,而能通阴阳、五行、消息之宜,可以通天人之际,达万物之情矣。"[①] 四时指春夏秋冬四种时气,"四时"革命论把自然时气的变更与社会伦理政治融贯一气,天地之气的变化就是革命的法理:

> 生吉凶之义,始于五行,终于八卦。从无入有,见灾于星辰也。从有入无,见象于阴阳也。阴阳之义

---

① 唐晏,《两汉三国学案》,吴东民点校,北京:中华书局,1986,25页。

岁月分也。岁月既分，吉凶定矣。故曰八卦成列，象在其中矣。六爻上下，天地阴阳，运转有无之象，配乎人事。八卦仰观俯察在乎人，隐显灾祥在乎天，考天时、察人事在乎卦。

阴阳运行，一寒一暑，五行互用，一吉一凶。以通神明之德，以类万物之情。故易所以断天下之理，定之以人伦而明王道。八卦建，五气立，五常法象乾坤，顺乎阴阳，以正君臣父子之义。①

《齐诗》"五际"革命说同样如此：

《诗内传》曰：五际，卯、酉、午、戌、亥也。阴阳终始际会之岁，于此则有变改之政也。

《诗汜历枢》曰：卯酉之际为革政，午亥之际为革命。神在天门，出入候听。卯，《天保》也；酉，《祈父》也；午，《采芑》也；亥，《大明》也。《孔疏》云：亥为革命，一际也；亥又为天门，出入候听，二际也；卯为阴阳交际，三际也；午为阳谢阴兴，四际也；酉为阴盛阳微，五际也。

《诗汜历枢》曰："卯酉为革政，午亥为革命。神在天门，出入候听。"言神在戌亥，司候帝王兴衰得失，厥善则昌，厥恶则亡。臣以为戌仲已竟，来年入季。仲终季始，历运变改，故可改元，所以顺天

---

① 引自朱伯崑，《易学哲学史》，上卷，北京大学出版社，1986，141页，144–145页。

道也。①

"四时""五际"革命说依据的仍是自然秩序的时变,革命法理不过是天地通气,是天时的自然法理所为,与《易传·革卦》的思想结构相同,受"天地革而四时成"的天时自然法理规约,而且注重的是"革"的时机,尽管自然法理的解释已完全道义—宗教化。京房借孔子之口说:

> 五行光明,四通变易,立节天地,若不变易,不能通气。五行迭终,四时更废,变动不居,周流六虚。上下无常,刚柔和易,不可以为典要,唯变所适。吉凶共列于位,进退明乎机要。易之变化,六爻不可据,以随时所占。②

无论京《易》和齐诗家革命论的道义—宗教性如何,总是在天时自然法理的结构之中展开的,蒙文通强调京《易》和齐诗家的革命论,对校正公羊家的一家之言,具有思想史的意义。但"四时""五际"革命说的确不足以让后世的公羊家伸展革命精神,革命的焦迫心情也不如纬书家。实际上,纬书家才是汉代今文家革命思想的集成者。③只要对勘《京房易传》与《易纬》,就可见出,纬书家的

---

① 引自王先谦,《诗三家义集疏》,下卷,北京:中华书局,1987,549–550页。
② 《京氏易传》,引自姜义华等编,《孔子:周秦汉晋文献集》,上海:复旦大学出版社,1990,424–425页。
③ 纬书中的革命思想,安居香山说之颇详,尽管未作具体的文本分析。参氏著,《纬书与中国神秘思想》,田人隆译,石家庄:河北人民出版社,1991,130–138页。

说《易》比京房更具革命精神。① 不过，纬书自隋以来历遭官学禁毁，其历史的思想功能颇难勘定。此外，纬书中的革命思想的要义，与公羊家同调，通过审理公羊家的革命论，当可含括纬书（尤其《春秋纬》和《孝经纬》）中的革命思想要义。

《春秋公羊传》《疏》既未像纬书遭禁，又未像齐诗文遭亡佚，而且在两个方面突破了京易和齐诗革命论的思想逻辑。首先，《公羊传》的思想结构不是天时自然法理，而是民族历史生成的宗法法理（一王大法）；再有，革命家的中心形象不是汤、武，而是孔子。儒家革命精神的主导形象从汤武转换为孔子，在儒家思想史上有重大意义：汤武革命只是受天命行道，孔子革命则是受天命立法，这就根本突破了天时自然法理的思想结构。因此，在我看来，推进儒家革命论的，不是《齐诗》"五际"革命说和《京房易传》"四时"革命说，而是公羊家的孔子"素王"革命论。

公羊家的孔子素王革命论的第一要义是孔子书法的革命性：在今文家看，六经为孔子所作，孔子造经也就是立天下之大法；革命也是其所立之天下大法之一。按陈柱言，"天地革而四时成，汤武革命，顺乎天而应乎人。革之时义大矣哉"是孔子所作，既然儒家革命论的这一经典话语是孔子的话语，便是孔子的革命书法的证言。

孔子书法的革命性更重要的证明是作《春秋》。孟子说"孔子作《春秋》而乱臣贼子惧"，桀纣为乱臣贼子，孔子

---

① 参余敦康，《汉代易学》，见氏著，《内圣外王的贯通：北宋易学的现代阐释》，前揭，455-470页。

作《春秋》就可比之于汤武诛桀纣。孔子的书写（笔削）本身，就是革命行动，且胜似汤武的革命行动。我等切莫以为孔子没有去带兵起事，就不算干革命。马克思的书写的革命行动性胜过一百次起义，孔子笔削《春秋》的革命性同样如此。《公羊传》阐发孔子作《春秋》的革命之旨，按陈柱言，乃开宗明义（释"隐公元年春王正月"）：

> 孔子独于《春秋》之首，著王正月之文，《公羊》以为王指文王，盖以文王为受命之君；武王革命，实基于文王。（陈柱，《公羊家哲学》，前揭，3页）

革命家有两种：干革命的和说革命的。孔子作为素王是说革命的，素王乐尧舜之道，圣王复尧舜之道。孔子未复尧舜之道，但制《春秋》（革命论）之义，"以俟后圣"。于是，孔子取代汤武成为儒家革命精神的典范，成为后世一切革命家的精神之源。

公羊家的孔子素王革命论的第二要义是孔子立革命义法：汤武只是干了一次革命，孔子通过作革命书（《春秋》）则为一切（或万世）革命立法，两者虽均为天子之事，但孔子更重要。因为，汤武只是革命之史例，孔子则立革命之义例。史例供援引，义例供效法，其意义自然非汤武可比拟。蒙文通先生准确地指出：孔子所立革命之义例，由孟子承之（"《春秋》，天子之事也"）、《公羊春秋》独传之，推演新周王鲁说，革命的目的才有了具体的指导。

> 《齐诗》讲"革命"，《公羊》讲"素王"。但两者是不能分割的……如果没有"革命"来"易姓改

代",圣人如何能受命而王。故只讲"素王"而不讲"革命",称王便失掉根据。反过来,如果没有"素王"的"一王大法","革命"便将无所归宿,故只讲"革命"而不讲"素王","革命"便失掉行动的目标。(蒙文通,《孔子与今文学》,前揭,173-174页)

实际上,有了素王的一王大法,"易姓改代"和圣人受命而王就都有了正当根据。孔子所立革命之义例的重大意义正在于,革命不再只是历史事件,也是现实乃至未来的应然之举。革命并非仅是远古的成例,而是当今和未来之世的法理。《公羊传》中,讨论弑、讨的事例很多,汤武革命一类的史例已大为扩展了。汤武革命论的要点是:"顺乎天而应乎人",要解决的问题是弑、讨与仁义礼制的关系。公羊家的基本论题是革命的历史哲学,"受命"而革旧命的法理寓于民族历史之中。《公羊传》中大量讨论战争的正当性和非正当性,旨在倡明革命之义法在"拨乱世""反诸正",这被称为"非常异议"。所谓"非常异议",在我看,乃指孔子立革命义法具有神圣的天授性,与天有特殊的关系:

> 君子曷为为《春秋》?拨乱世,反诸正,莫近诸《春秋》。……制《春秋》之义以俟后圣,以君子之为,亦有乐乎此也!(何休注:得麟之后,天下血书鲁端门曰:趋作法,孔圣没,周姬亡,慧东出;秦政起,胡破术,书记散,孔不绝。子夏明日往视之,血书飞为赤鸟,化为白书,署曰《演孔图》,中有作图制法之状。孔子仰推天命,俯察时变,却观未来,豫解无穷,

知汉当继大乱之后,故作拨乱之法以授之。)①

这就引出公羊家的孔子素王革命论的第三要义,亦是最为根本之义——孔子受天命改制:孔子革命的受天命与汤武革命的受天命不同之处首先在于,革命之正当性的宗教(神圣)支撑力大大加强。汤武革命论中的重点是"义",即便按今文家宗教性的汤武受命论,其要义也限于"顺天应人",孔子"素王"革命论的重点是"受命"改制,孔子成为天授的革命立法者,革命与天道的关系通过孔子这一历史身位得到具体的确定,而社会革命的理想方向也得以具体确定。顾颉刚说,"以前作天子的要'受命'(受上帝的抚有四方的命),要'革命'(革去前代天子所受的命)"。②但命有上帝之命和五行之命,前者是绝对的,后者是相对的。素王作为受命者所受之命是绝对的上帝之命,这是鲁门血书证明了的。

受天命改制说是公羊家革命论中孔子素王说的精义所在:"孔子作《春秋》,先正王而系万事,见素王之文焉。"(《汉书·董仲舒传》)素王之"素"指空位,即应当为王而尚未为王,"素"之"应当"含义带有的神圣道义力量从受命而来,这神圣力量直接贯注于改制:"《春秋》受命所先制者,改正朔,易服色,所以应天也。"(《汉书·董仲舒传》)"素"王因天授使命而带有神圣的法制力量,与现存政制和王权的正当性构成紧张关系。革命的前提正是:德与位的分离。若德者在位的话,革命是没有理由的。革命

---

① 何休,《春秋公羊传何氏解诂》,台北:中华书局,1992,卷廿八,6页。
② 顾颉刚,《汉代学术史略》,北京:东方出版社,1996,2页。

因于德者应当为王而没有为王。于是,在道德与政权之间就出现了张力,这本是自孟子以来讨论汤武的义与不义的主要动源。公羊家革命论的孔子素王说加强了德的宗教法理。有德无位而应当为王者才是"素王","素王"与革命乃二而一之义,"使孔子成为与现实在位的统治者相对立的有圣德之王"①。"素王"当有政权而没有政权者,而没有政权要夺取政权,舍革命之途可耶? 孔子的地位变了,不再是士之祖,而是传天道的革命者、预言家、先知。对公羊子以"君子乐道尧舜之道"言孔子,何休以为仅是"作传者谦不敢斥夫子所为作意也"(何休,《春秋公羊传何氏解诂》,前揭,卷廿八,7页)。有今人以为孔子只不过是"教授老儒",实是掉书袋之见。②

"素王"规定了孔子的神权政治性形象,这种孔子形象在纬书中最为显眼。凡此种种均表明,今文家的孔子是神权政治化的神人,而非耶稣、释迦牟尼一类的宗教性神人:"孔子在中国文化中所扮演的'教化之主'和殉道者角色与耶稣基督、释迦牟尼和穆罕默德都不同……孔子作为圣人(受命而王)的标志,与三皇五帝等历代圣王无异……显示了他'制作定世运符'的政治教主特征。"③ 孔子是否与穆罕默德不同,当值得考虑;与耶稣基督、释迦牟尼不同,则皎皎然也。革命家—圣王的空位(素王)导致的两种法之

---

① 参蒋庆,《公羊学引论》,沈阳:辽宁教育出版社,1996,128页。
② 这类洞识贫乏的说法亦见于西方哲人,据说孔子的局限在于:"面对邪恶和失败,他只是庄严地悲叹和忍受,而没有从痛苦的深渊中得到任何促动力。"参 K. Jaspers,《苏格拉底、佛陀、孔子和耶稣》,李瑜青、胡学东译,合肥:安徽文艺出版社,1991,178页。
③ 冷德熙,《超越神话:纬书政治神话研究》,北京:东方出版社,1996,267页。

间的冲突与基督作为上帝之子导致的两种法之间的冲突根本不同：孔子为素王，其身位携带理想法（万世法），现实历史中，有志于复兴尧舜之道者，皆可效法。效法孔子与效法基督不同，效法孔子是通过革命而成为圣王，而非成为个体生命之罪性（人性之脆弱和偶在性）得救之人。

素王既无位，就是布衣。孔子的革命家身份因此与汤武不同。汤武革命是"贵族革暴君之命""贵族代嬗之政"（参柳诒征，《中国文化史》，前揭，卷上，89页）。贵族革命，德不成问题，困难是打破了礼制秩序。布衣革命，德是一个问题，受命的证明因此甚为关键。从纯形式的角度说，受命必显于德，因为天命之显即为德。"受命"论不见于汤武论，却漫于今文家革命论，并非没有因由。布衣革命起于刘邦，牟宗三以为"旷古以来所未有"，"历史上之一变局"，"其主要意义，则为象征封建贵族政治之正式结束，以及君主专制政治之正式开始"（牟宗三，《政道与治道》，前揭，2页）。与此同时，今文家革命论提出孔子作为布衣革命立法家"受命"改制（革政），也可以说是旷古以来所未有，思想史上之一大变局。

"受命"于天，而非既有的德位成为革命正当性的根据，儒家革命论的领袖德性论因此向先知先觉论推移，革命领袖当有超凡的道德直觉。孟子已开革命领袖的超凡的道德直觉论证之先，即他提出的"伊尹先知先觉"说：

> 伊尹耕于有莘之野，而乐尧舜之道焉。非其义也，非其道也，禄之以天下，弗愿也；系马千驷，弗视也。非其义也，非其道也，一介不以与人，一介不以取诸人。……天之生斯民也，使先知觉后知，使先觉觉后

觉也。予，天民之先觉者也。予将以斯道觉斯民也。非予觉之，而谁也？[后儒注曰：天欲使先知之人悟后知之人。我先悟觉者也，我欲以此仁义之道觉悟未知之民。非我悟之，将谁教乎？] （焦循，《孟子正义》，前揭，下卷，653－654页）

这种精神不是有些像马克思主义的启蒙精神吗？不，应该说，马克思主义的启蒙精神有些像佐汤革命的伊尹精神。伊尹在史中身价一直颇高：

> 盖尹之志愿，专在改进当时之社会。不但不为一己之权利，不为成汤之权利，并亦不必推翻夏之政府。苟夏之政府能用其言，行其志，亦可以出于和平之改革。①

然而，"汤三使往聘之"后，伊尹"幡然"助汤干了一场暴力革命。在政治形象的谱系上，孔子形象紧接伊尹。革命家"伊尹生空桑，长而贤。……汤得伊尹，被之于庙，爝以爟火，以牺猳"（《吕氏春秋·本味》）。在儒家思想中，伊尹被视如先知；在纬书中，孔子亦生于"空桑"，与伊尹一样是先知先觉，承受命改制大任。儒家革命论的革命家典范从汤武转向伊、孔，因于革命的根据和目的变动：顺天应人转变为受命改制，儒教的先知论也随之确立。以为中国古代思想中没有先知论，大概搞错了——素王是周民

---

① 柳诒征，《中国文化史》，卷上，上海：东方出版中心，1996，92页。

族的先知,素王论就是儒教的先知论。①

受命改制论的最终落脚点是制度创新(继周损益)。由于孔子的神人身份已非一般的革命家,而是替天制法、启圣王出、天纵行道的先知,公羊家的孔子素王革命论必引出制度创新论,这也是汤武革命论所没有的。蒙文通尤其强调制度创新在孔子"素王"革命论中的重要性,舍此不能全面把握孔子"微言"的这一"革命酵素":

> 微言的内容是"经世之志",是"天子之事",是"一王大法",是新的一套理论,是继周损益的一套创造性的革新的制度,这和宋儒所谓性命之道才是微言的意思全然不同。这套制度要见于礼家如两戴记之类,而《春秋》家和《公羊》只空言其义,见不出甚么具体制度,所以大家就以为是非常可怪之论。(蒙文通,《孔子与今文学》,前揭,162页)

公羊家的孔子素王革命论的第四要义是孔子以民族性文教之道显普世之道,华夏国家的民族性政制法理由此确立。"受命"论是以民族性的历史叙事(鲁史)为基础的,从而,受命的神圣之道的道义性就与华夏民族的历史性二而一。儒教革命精神既具民族性,又具普世道义性,原因正在于此。于是,公羊家的"素王"革命论就在《易传》

---

① 廖平谓:"素王之说,义本《商颂》。《殷本记》伊尹说汤以素王之道,……明文始于《庄子》,云'在下则为玄圣素王',所谓宾王也。……或据'非天子不议礼,不制度',孔子自云'从周',不应以匹夫改时制。"廖平,《知圣篇》,见《廖平学术论著选集》,李耀仙编,卷一,成都:巴蜀书社,1989,179页。

的天理式圣人正义论之外又提供了宗法历史的圣人正义论。儒家的圣人正义论的论证资源就大为扩展了,其思想史意义是"四时""五际"革命说不可比拟的。

> 《春秋》王鲁,记隐公以为始受命王,因仪父先与隐公盟,可假以见褒赏之法。譬若隐公受命而王,诸侯有倡始先归之者,当进而封之以率其后。(何休,《春秋公羊传何氏解诂》,前揭,卷一,4页)

孔子的革命义法联结了天道与中国民族体的治道:中国的治道以尧舜之制为正道,革命的必要性和正当性也在于,一旦中国偏离尧舜之道,或夷狄进逼威胁到尧舜之道,就当有圣王拨乱反正。

> 《公羊传》隐公六年:不与夷狄之执中国也。[何休注]:中国者,礼义之国也。执者,治文也。君子不使无礼义制有礼义。故绝不言执,正之言伐也。执天子大夫而以中国正之者,执中国尚不可况执天子大夫乎?所以,降夷狄,尊天子,为顺辞。(何休,《春秋公羊传何氏解诂》,前揭,卷三,7页)

这段论述可视为三科的经线:中国为礼义之国,这是神圣天命所予。儒家革命者的使命是创造性地保守这一礼义之制,是为承天命。何休之论看似仅在为汉室政权提供正当性,但汉室拨乱反正(反秦制偏离周制)是复兴尧舜之道,而且依孔子制法而为("圣汉受命而王,德如尧舜之知孔子为制作")。公羊家根本不认可一姓万世为王的正当性(否则革命说就成了无稽之谈），又岂会只为刘汉提供正当性？为汉室政权提供正当性，根本动机是为尧舜之道提供正当性。从儒家革命论的演化来看，华夏民族的古传政道是最为重要的内核。由此可以理解，一旦三代之制危，就必有儒家革命论兴。对于理解现代儒教士在现代语境中重彰革命论，这一点相当要紧。

> 民族思想之启发，自孔子作《春秋》，倡言民族主义，即内诸夏而外夷狄。但其诸夏夷狄之分，确非种界之狭隘观念，而实以文野与礼义之有无为判断标准。
> （熊十力，《读经示要》，卷二，前揭，130 页）

这段话把儒教的文化民族论表达得很清楚，"文""礼"在儒教的具体含义中根本就是周文周礼，公羊《春秋》的革命精神即以此为命脉，它体现了杨向奎所谓"民族国家的道德"。[①] 儒教不是种族区分的民族主义，而是文化区分的民族主义，只不过不要忘了，此"文化"正是周文化。

在现代性事件中，西方的文化帝国主义闯入华夏民族的文化封域，公羊学精神后继有人，有什么好奇怪？如果人们知道当今还在用的"拨乱反正"一词的历史文化蕴涵，辨析毛泽东新政与复舜尧之道的关联（"六亿神州尽舜尧"），就必当考虑：现代中国革命精神的完美性追求是否真由西方启蒙运动而来，是否也可能源于鲁门血书，源于革命立

[①] 参杨向奎，《民族国家的道德范畴》，见氏著，《自然哲学与道德哲学》，济南出版社，1995，259–299 页。

法家孔子的微言。

心学成圣论与儒家革命精神

儒家革命精神发展史的下一个重要环节并非是新一轮革命论说的出现,而是儒教革命精神气质的臻进,这种气质变化本身就是革命性的:陆王心学促成儒家革命精神的个体转化,法圣王变为当圣王、法圣人变为做圣人,公羊家一路革命精神论在精神气质上得到重大推进。公羊家革命论的核心是"素王"论,"素王"受命于天,成为圣人,关键在于有圣心,即以先知先觉之心承天予之道——尧舜之道。"素王"论因此已蕴含着儒家革命心性论:"革命者,必先正己而后能正人。故不先自正者,春秋讥之。"(陈柱,《公羊家哲学》,前揭,7页。)但公羊、纬书的素王只是唯一"素王",即孔子;在陆王心学的思想中,"素王"成为心性论的"素王",人人只要明心见性,就可成为"素王",从而革命精神的圣人正义论扩展为心性之学上的修身成圣论。

心学成圣论的第一要义是人人可成圣人:通过立大志、直诉心性,与天相通,天地万物备于我,就可成为先知先觉。如前所述,先知先觉原是孟子用于描述伊尹和孔子的,如今用于每一个儒教士的"我","我"即"孔子""伊尹"式的圣人,就成为儒家的人生律令。陆九渊的"人孰无心,道不外索"[①]的思想具有的革命性,正在于把道置

[①] 《陆九渊集》,钟哲点校,北京:中华书局,1980,63页。

于儒教士个体的"我"心,使圣人的历史性(孔子)转化为个体的当下性。不是我心据于道,而是道据于我心;不是我心效法圣人,而是圣人出于我心:

> 道未有外乎其心者,自可欲之善,至于大而化之圣,圣而不可知之神,皆吾心也。(《陆九渊集·敬斋记》,前揭,227页)

> 四方上下曰宇,往古来今曰宙。宇宙便是吾心,吾心即是宇宙。千万世之前,有圣人出焉,同此心同此理也。千万世之后,有圣人出焉,同此心同此理也。东南西北海有圣人出焉,同此心同此理也。(《陆九渊集·杂说》,前揭,273页)

在今文家革命论中,因孔子与天道(《公羊传》《春秋纬》《孝经纬》)的特殊关系,包含唯有孔子为圣人的思想。象山心性论突破了孔子圣人的历史规定性和唯一性,则人人可成圣人,人人可以自居为"素王"。这一革命性的内在化转变,仅由"心即理"这一简洁的表述就达成了。

接下来就必然形成内在革命论——明心见性成圣人,这是心学成圣论的第二要义。然而,当圣人与成圣人还不是一回事,成圣人需要内在的革命功夫,即通过修身成为先知先觉。孔子是"天纵之圣",象山的放心成圣改造了圣人的生成结构——自成之圣,难道还算不上一场内在革命?

成圣当然得以先圣典范为祈向,中国古代思想中的圣人观念虽然芜杂,但儒家的圣人理想还是明确的。依我夏虫之见,属今文学的韩诗家韩婴述儒家圣人之心颇为周全:

> 孔子抱圣人之心，彷徨乎道德之域，逍遥乎无形之乡，倚天理，观人情，明终始，知得失。故兴仁义，厌世利，以持之。于时周室微，王道绝，诸侯力政，强劫弱，众暴寡，百姓靡安，莫之纪纲，礼仪废坏，人伦不理。于是孔子自东自西，自南自北，匍匐救之。①

圣人之心不是抽象的，而是有历史具体的文化蕴涵。不同的宗教圣人之心的文化蕴涵自然不同。举例来说，宗教都讲济世救人，但如何济、靠什么救，不同的宗教大有差别。因此，必须考究圣人之心的具体的历史文化蕴涵。基督教的圣人原貌在耶稣基督，此圣人之心的文化蕴涵源于其天父举一而尽全功的救恩行动，皮藏于四福音书；犹太教的圣人原貌在摩西，此圣人之心的文化蕴涵源于犹太民族的历史，皮藏于五经书；儒教的圣人原貌在禹、汤、文、武、周公和孔子，此诸圣人之心的文化蕴涵源于华夏民族形成的三代历史，皮藏于儒家经书。不读四福音书，无从知耶稣基督的圣人之心；不读摩西五经，无从知摩西的圣人之心。儒教如何？

> 子张问曰："圣人受命，必受诸天。而《书》云'受终于文祖'，何也？"孔子曰："受命于天者，汤武是也；受命于人者，舜、禹是也。夫不读《诗》《书》《易》《春秋》，则不知圣人之心，又无以别尧、舜之

---

① 许维遹校释，《韩诗外传集释》，北京：中华书局，1980，165页。

禅,汤、武之伐也。"①

儒教的圣人之心精神是由什么要素构成的？按韩婴指引,可归纳的要素有三:一、明心见天理(自然之法则);二、济世救民("博施于民,而能济众");三、保三代文教之制的担当。从韩婴对圣人之心的描述看,这三大要素是统一体,成圣人就要在精神上禀有这三重精神质料。儒家心性之学的修身论绝非如某些现代儒生所说,仅有第一个层面。一些汉语神学家喜欢将儒家心学与路德思想视为同道,实在搞错,就因为没有看到心性论中的后两个层面。白虎通会议拟定的儒教"国宪"中论圣人四章,开首述明:"圣人者何？圣者,通也,道也,声也。道无所不通,明无所不照,闻声知情,与天地合德,日月合明,四时合序,鬼神合吉凶。"随后就列举禹、汤、文、武、周公诸圣人,举其事功。② 因而,圣人与天地通的含义是有具体规定的,绝非打坐式的明心见性。韩愈《原道篇》有言,"古之所谓正心而诚意者,将以有为也",此为"吾国文化史最有关系之文字"(陈寅恪语)。禹、汤、文、武、周公诸圣人的事功在于"博施于民,而能济众"和保三代文教之制的担当,此为儒家圣人与天地通的具体含义。枵腹空谈性理,不谈济世救民和保三代文教之制的担当,的确未得儒家圣人之心要领。

在圣人之心的精神要素方面,象山并未有新的发明,

---

① 《孔丛子》,引自姜义华等编,《孔子:周秦汉晋文献集》,前揭,360页。
② 参陈立,《白虎通疏证》,吴则虞点校,北京:中华书局,1994,334-336页。

却在成圣人之成（becoming）的尽心上狠下功夫。

> 涤人之妄，则复乎天者自尔微；尽己之心，则交乎物者无或累。……人妄既涤，天理自全，退藏于密微之地，复乎天而已。由是而吉凶之患与民同之，而己之心无不尽。（《陆九渊集》，前揭，《圣人以此洗心退藏于密，吉凶与民同患，神以知来知以藏往》，227 页）

修身就是把个我造就成圣人，就是与孔子同身位，这身位是圣人以三代文教之制济天下的生存位置：圣人的在体性品质不仅是不在个人的生死祸福中沉浮，而且当存礼教制度以教化人民。① 象山在《辨儒佛》书中说得清楚：

> 释氏之所怜悯者，为未出于轮回，生死相续，谓之生死海里浮沉。若吾儒中圣贤，岂皆只在他生死海里浮沉也？彼之所怜悯者，吾之圣贤无有也。然其教不为欲免此而起，故其说不主此也。故释氏之所怜悯者，吾之圣贤无之；吾儒之所病者，释氏之圣贤则有之。试使释氏之圣贤，而绳以《春秋》之法，童子知其不免矣。从其教之所由起者观之，则儒释之辨，公私义利之别，判然截然，有不可同者矣。（《陆九渊集》，前揭，17 页）

成圣人得有"覆载万物之能，犹有待圣人"的感觉，

---

① 陈弱水对孔孟内圣观的分析不乏见地，但未强调圣人之心的华夏制度担当层面。参陈弱水，《"内圣外王"原始纠结与儒家政治思想的根本疑难》，见《史学评论》（台北），3 (1981)，85-93 页。

圣人身位以行礼教理想为担当，必与现实政治有张力。儒圣的现世使命感就从这种张力中产生出来，成圣人不生素圣王感才怪哉。因此，心学成圣论的第三要义是圣人使天下成为三代礼教化的天下：

> 覆载万物之能，犹有待圣人。圣人之政，有以当天地之心。则诸福百祥以嘉庆之，有以失天地之心，则妖孽灾异以警惧之，彼其望于圣人以成其能者，何其至耶？无它，无私焉而极天下之大也。圣人膺裁成辅相之任，秉参赞变理之权，道奚而可与天地殊？心奚而可与天地异？①
>
> 圣人贵中国，贱夷狄，非私中国也。中国得天地中和之气，固礼义之所在。贵中国者，非贵中国也，贵礼义也。虽更衰乱，先王之典刑犹存，流风遗俗，未尽泯然也。夷狄盛强，吞并小国，将乘其气力以凭陵诸夏，是礼义将无所措矣，此圣人之大忧也。②

象山也一派公羊家言，绝非偶然。公羊家的科旨在象山处是圣人之忧，说明成圣之学绝非仅涉修身养性，最终是要以三代礼教德化世界。儒教的修身养性论，地地道道是教士的修身养性论，公羊家的素王论何曾消失？心学的内圣论最终的落脚处是外王，《大学》讲得很清楚。内圣外王根本就是儒家革命精神的核心，而这核心中的要核与华夏政制文教一体，就圣人之心的精神质料来讲，最重要的

---

① 《陆九渊集·天地设位圣人成能人谋鬼谋百姓》，前揭，343 页。
② 《陆九渊集·大学春秋讲义》，前揭，277 页。

是圣人之心的第三要素：保三代文教之制的担当。常言说，儒家讲济世救民，其实此语不确。如前所述，凡宗教都讲济世救民，仅拈出济世救民不足以显儒家本色，还要看用什么救、如何济。儒家的济世救民重点落在养民和教民，所谓"牧民"或教化，而教化就是以作为国家宗教的礼制规导民人；说得明白些，就是让人有饭吃，要人信守礼教秩序。

> 礼乐教化，心之发也；典章文物，心之著也；家齐国治而天下平，心之推也。心之德其盛矣乎！二帝三王，存此心也；夏桀商受，亡此心者也。……存则亡，亡则乱。治乱之分，顾其心之存不存如何耳。①

革命精神总是以理想与现实的距离为起点的，在儒家看来，理想就是三代之制或理想化的三代之制，因而，作为儒家革命精神的圣人之心总是以三代之制的理想为起点的。今儒讲圣人之心喜欢本体论化，这是受西方现代哲学的刺激，一如宋明儒讲此心的心性论，是受佛学的刺激；但无论心性化还是本体论化，这"吾心"即儒心，即是外王之心。"王"义的根本是儒家德政制度的施行（《荀子·劝学》："王也者，尽制者也。"），或公羊家所谓"仁德的化育养成"。② 这种王制就是儒心所承的历史地显现于三代之制的天道，复三代之制或据三代之制的理想行制度创新，就是外王的事功。宋儒非议汉儒的孔子素王论，并非在非议圣

---

① 马一浮，《复性书院讲录》，见滕复编，《默然不说声如雷：马一浮文集》，北京：中国广播电视出版社，1995，178–179页。
② 参蒋庆，《公羊学引论》，前揭，119页。

人当为王者意,而在于拒绝汉儒讲孔子的素王制法时限于为汉制法说,不满汉儒没有强调孔子素王的百世之师意。如王晰所言:

> 圣人大典,将垂之万世以为法,又岂止一汉朝乎?若以衰世论之,则可以拨乱而规正。若以治世言之,则可以润色乎王道,无施不可也。①

陈弱水反驳有今人视心学为儒家的自由思想的论点时说:"儒家'内圣外王'式政治思想与西方自由主义最大的差别是:它所关心的焦点在于如何实现'权力的可能善果',而不在如何防制'权力的恶果'。"② 在我看,此说未中肯綮。自由主义政治理念的价值论基础是,不把某一人生的价值理念变成社会法权强行在制度安排上实现之。儒家政治思想则相反,总是以儒家道德理想为天下的正道,而此道又偏偏是关乎国家社稷的,这里并没有给个体以人生意义自己抉择的自由,而是政制性地教化万民。象山辨儒佛时说,儒哲"皆主于经世"。何谓"经世"? 经世是推行儒道的教化:

> 吾儒之道乃至天下之常道,它是别有妙道?谓之典常,谓之彝伦。盖天下之所共由,斯民之所日用,此道一而已矣,不可改头换面。(《陆九渊集·与王顺伯》,

---

① 引自宋鼎宗,《春秋宋学发微》,台北:文史哲出版社,1986,228页。

② 陈弱水,《追求完美的梦:儒家政治思想的乌托邦性格》,刘岱编,《理想与现实》,北京:生活·读书·新知三联书店,1991,231页。

前揭,20页)

以此圣人之心经世,若圣人成为革命者(素王),成为为万世立法者,推行全民道德革命就是应然之理——毛泽东的新政有"文化大革命",何足怪哉,又岂是法国大革命政治文化的遗传!

"内圣外王"本道家语,指君人南面术的神明状:

> 《庄子·天下篇》:"神何由降?明何由出?圣有所王,王有所成,皆原于一。"圣王之与神明,同义而殊称耳。……盖圣者,通也,道也。王者大也,明也。君人者,掩其聪明,深藏而不可测,此之为"内圣"。……显其度数,尊高而不可逾,此之为"外王"。[①]

道家的圣人论本质上是一种才性论,通达"情性之理"。[②] 儒家以己德推衍内圣外王,圣为圣贤,王为统治,显出与道家不同品格的政治哲学。就本文的论题而言,重要的是得看清楚,心学成圣论具有德性政治性质,绝非某些今儒所谓"精神哲学"(这不过是佛学化或海德格尔化的心性之学)。心学不是只讲个体的修养,儒家的个体修养受"治国平天下"规定,"大学之道"本就是以治国论起、以治国论终的循环论述:"古之欲明明德于天下者,先治其国……身修而后家齐,家齐而后国治,国治而后天下平。自

[①] 张舜徽,《周秦道论发微》,北京:中华书局,1982,65页。
[②] 参余敦康,《何晏王弼玄学新探》,济南:齐鲁书社,1991,256-266页;亦参汤一介,《儒道释与内在超越问题》,南昌:江西人民出版社,1991。

天子以至于庶人壹是皆以修身为本。"《大学》章句的释义重点，心学与理学殊为不同。按心学式的解释，归本于人人须修身，是大学的要旨。此要旨据说是："君子以自强不息，自格物、致知以达于修、齐、治、平道，则天可以戡，而伪可以化。化俗以教，不以神道。"① 儒家心学修身论与理学修身论的不同，不在于是否要外王，而在于外王的成圣条件和路径，"心性之学与经世之学本无泾渭分明的界限"②。因此，成圣人论在儒家革命精神演化史上的意义不难估量：孟子一路心性学与《易传》和公羊革命精神的关系被打通了。

象山已带来儒教精神的革命化转变，阳明在心学路线上还有什么革命性推进可做？阳明在事功方面（包括传授）显出更为强劲的精神气质？"王阳明未尝修史，却是以其事功创造历史。……而其赫赫事功，又何尝不出自其精神哲学？"③ 初看起来，阳明"心即道"的论点不过重复了陆氏的成圣心教，其实不然：

> 道即是天，若识得时，何莫而非道？人但各以其一隅之见认定，以为道止如此，所以不同。若解向里寻求，见得自己心体，即无时无处不是此道。亘古亘

---

① 姜亮夫，《小戴记大学之道章解》，见氏著，《古史学论文集》，上海古籍出版社，1996，170页。亦参严立三，《礼记大学篇通释》，见梁漱溟编，《礼记大学篇伍严两家解说》，成都：巴蜀书社，1988，94页。

② 参余敦康，《内圣外王的贯通：北宋易学的现代阐释》，前揭，119页；亦参张灏，《宋明以来儒家经世思想试释》，见《近世中国经世思想研讨会论文集》，台北：中研院近代史所，1984，3-19页。

③ 徐梵澄，《陆王学述：一系精神哲学》，上海远东出版社，1994，76页。

今，无终无始，更有甚同异？心即道，道即天，知心则知道、知天。①

阳明在心学路线上的革命性推进是陆氏的圣人成法的率性化，将成圣人功夫落实于常人的个体性情的率性。如此一来，革命精神所依据的心性功夫简便多了。

> 夫良知即是道，良知之在人心，不但圣贤，虽常人亦无不如此。若无有物欲牵蔽，但循着良知发用流行将去，即无不是道。(《传习录·中·答陆原静书》，《全集》同上，69页)

今文家的宗教性革命论的正当性前提是受命，受命是天予的命。在陆学中，如前所述，受命论已然转化为成命论。在王学中，由于"道即性即命，本是完完全全，增减不得，不假修饰的，何须要圣人品节"，"从本原上说天命，于人则命便谓之性，率性而行，则性便谓之道"(《传习录·上》，《全集》同上，37页)，命、性、道三者为一，成圣人精神的个我性情加强了，不再是成命论，而是"造命"论(化用左派王学的一个用语)。圣人正义精神更加不受先圣人格的规约，陆学的成圣人已突破公羊家的唯一圣人说，王学则使人人可当圣人说具体化为率性，成圣人便不拘一格，圣人正义精神便恣肆狂泄：

---

① 王阳明，《传习录·上》，《王阳明全集》，上卷，上海古籍出版社，1992，21页。

> 问:"良知一而已:文王作彖,周公系爻,孔子赞《易》,何以各自看理不同?"先生曰:"圣人何能拘得死格?大要出于良知同,便各为说何害?"(《传习录·下》,《全集》同上,112页)

> 圣人之所以为圣,只是其心纯乎天理,而无人欲之杂。……然圣人之才力,亦是大小不同,犹金之分两有轻重。……才力不同而纯乎天理则同,皆可谓之圣人。(《传习录·上》,《全集》同上,27页)

> 圣人教人,不是个束缚他通做一般:只如狂者便从狂处成就他,狷者便从狷处成就他。人之才气如何同得?(《全集》同上,104页)

在理学,天理人欲两分,成圣论多少受约束。王阳明否定天理人心的两分:

> 今日道心为主而人心听命,是二心也。天理人欲不并立,安有天理为主,人欲又从而听命者?(《全集》同上,7页)

与成圣之道的率性化相关,阳明对存三代制度的儒家传统也予率性化的解释:

> 唐、虞以上之治,后世不可复也,略之可也;三代以下之治,后世不可法也,削之可也;惟三代之治可行。然而世之论三代者不明其本,而徒事其末,则亦不可复矣!(《全集》同上,10页)

这样一来，公羊家的继周损益的制度创新精神也就个体化为率性而为。个体的心性即天命，按内圣外王的逻辑，也就人人本心有素王感，而王者的尽制或德政的创制，就完全依率性造命当圣王的个体才性。按此精神，现代儒生哪里有理据非议毛泽东新政以及史无前例的"文化大革命"？

王学的率性造命成圣论因此改变了儒家精神革命的精神意涵，造就了唯心志论的精神气质，如此气质乃所谓狂者胸次。这是由主"志"论确立成德论的逻辑结果。① 对狂者的解释，有论者强调超事功的一面，但对儒者的担当来说，强调超事功不啻把儒家的圣人之心佛性化了，这与王氏的圣人学之意并不相符。阳明有言："狂者志存古人，一切纷嚣俗染不足以累其心，真有凤凰千仞之意，一克念即圣人矣。"② 何谓不为"纷嚣俗染"所累？此谓圣人的率性造命，依自不依他，而非超事功。③ 左派王学的掌门人王畿讲得清楚：

> 狂者之意，只是要做圣人。……夫圣人所以为圣，精神命脉，全体内用，不求知于人，故常常自见已过，不自满假，日进于无疆。乡愿惟以媚世为心，全体精神尽从外面照管，故自以为是，而不可与入尧舜之道。

---

① 参冯达文，《宋明新儒学略论》，广州：广东人民出版社，1997，165－283页。

② 引自陈来，《有无之境：王阳明哲学的精神》，北京：人民出版社，1991，255页。

③ 参郑元忠，《王阳明圣学探讨》，台北：中正书局，1975，252－254页。

贤者自信本心，是是非非，一毫不从人转换。①

如此率性造命而依自不依他的狂者，并未放弃"圣人以道济天下"的儒教传统人生律令。心性之学虽未提出一套类似公羊家的素王论，但其率性造命论改造了儒教革命精神的气质，堪称儒教精神史上的又一大变。才性与天命一体，而才性之成德，也就成为天命，或自造天命。从此革命之心的起念不更简便了？狂者精神成为儒家革命精神的气质因素，"自非圣人崛起，以至仁大义立千年之人极，何足以制其狂流哉？"② 儒教士比狂，或极狂方为儒教士，成为现代儒教精神现象的一大奇观，有什么好奇怪？儒家革命精神最终在狂者精神上完成了其精神构造，按内圣外王的理路，如此狂者胸次当忧忧然于天地之间，行全面改造社会、教化万民的事功，不当革命家才怪。

"一克"为圣人、狂者胸次与儒家革命家的关系，可证之以近代以来诸大儒的救世精神。王学对现代儒家各类圣人都有影响，绝非中国思想史上的小事一桩。③ 狂者胸次是达到圣人的阶次，狂者为准圣人感或素圣人，圣人的空位要通过辟"邪说"、"翼圣道"、体"民物之痛"、救万众于

---

① 引自嵇文甫，《左派王学》，见《嵇文甫文集》，上卷，郑州：河南人民出版社，1985，416 – 417 页。
② 王船山，《读通鉴论》，卷十九。
③ 参朱维铮，《阳明学在近代中国》，见氏著，《走出中世纪》，上海人民出版社，1987，222 – 239 页；朱维铮，《章太炎与王阳明》，见氏著，《求索真文明》，上海古籍出版社，1996，299 – 332 页；墨子刻，《摆脱困境：新儒学与中国政治文化的演进》，颜世安、高华、黄东兰译，南京：江苏人民出版社，1990，146 页以下；张灏，《烈士精神与批判意识：谭嗣同思想的分析》，台北：联经出版公司，1988，39 – 42 页。

"陷溺之祸"来据为己有。康长素受王阳明影响,明己心,"静坐时忽见天地万物皆我一体,大放光明,自以为圣人,则考喜而笑,忽思苍生困苦,则闷然而哭……"① 遂行改制之举。公羊学与心学的融构在康子的个体人格身上实现了,其时,中国正进入另一个触发革命精神的时代。在这时代横流之中,濡染公羊学与心学精神的毛泽东说:"俱往矣,数风流人物,还看今朝。"

现代性语境中中西革命观的相互格义

请再回到晚清。

现代"革命"论据说经日人用"革命"(kakumei)译 revolution,再引入中国思想界而成为显论。② 这一论点把日文的"革命"一词看作外来词,没有考虑到日文的"革命"原本就是从汉语传过去的,并葆有今文家革命论的含义。③ 按今文家的观点,康子的孔子改制论已是一种革命论。从日文的"革命"概念传入汉语思想的应是近代西方的 revolution 论。近代西方的"革命"观念当然与传统儒教的革命论不同,这里的关键问题是,西方的 revolution 论进

---

① 参施忠连,《康有为与陆王心学》,见《中国哲学》,11 (1984),231-232 页。

② 参高名凯、刘正埮,《现代汉语外来词研究》,北京:文字改革出版社,1958,83 页以下;陈建华,《现代中国革命之源和"革命"话语的跨文化之旅》,前揭。

③ 三善清行的《革命勘文》提到,古天皇十二年(604)颁布的宪法十七条的依据,就是《诗纬》的甲子革政和《易纬》的甲子革令说。参安居香山,中村璋八,《纬书集成·解说》,石家庄:河北人民出版社,1994,44 页。

入中国思想,导致了什么样的精神演化?

由于革命论本是儒教本家的学说,西方的 revolution 经 kakumei 译入中国思想界时,就会发生一场"革命"的相互格义。在晚清时代中西思想相遇之前,公羊学已成显学。公羊学复兴是在宋明理学—心学丰富发展的思想背景中出现的,既有儒学内部发展理路的原因(对朴学的反应),又与清代异族入主中华的处境相关。① 虽然清儒贬宋学,然宋学仍是儒生的当然修养。从文教制度的织体来看,汉宋两学已是儒教的基本思想质料。儒家革命精神的两大思想资源的融构,是儒生应对突来的制度危机的思想基础,也是儒家革命精神与西方近代革命思想相互格义的思想资源。在现代的列国竞争语境中,帝制中国向民族国家的转变,促成公羊家孔子式革命精神的焕发。梁任公回忆说:

> 进到时务学堂以后,谭壮飞先生嗣同、唐绂丞先生才常和我都在堂中教授。我们的教学法有两面旗帜:一是陆、王派的修养论;一是借公羊、孟子发挥民权的政治论。从今日看起来,教法虽很幼稚,但是给同学们的"烟士披里纯"(inspiration——引者)却不小。开学几个月后,同学们的思想不知不觉就起了剧烈变化,他们像得了一种新信仰,不独自己受用,而努力向外宣传……于是引起很大的反动,为后来戊戌政变

---

① 参朱维铮,《中国经学的近代历程》,见氏著,《求索真文明:晚清学术史论》,前揭,3-11页;孙春在,《清末的公羊思想》,台北:商务印书馆,1985,127-232页;陈其泰,《清代公羊学》,北京:东方出版社,1997。

时最有力的口实。①

晚清时期的青年知识人的思想都浸染过儒家革命精神，但革命精神一致，不等于革命的改制设想一致。在古代儒家革命精神中，改制之本在损益三代之制，现代儒家革命精神的历史动因是西方政制的冲击，从而出现新华夏（现代民族国家）改制选择上的重大分歧，自由或平等的理念与三代制度理想的关系至难摆平。分析儒家革命精神与西方近代革命思想的相互格义，必得关注制度重建（为了民族国家的建构）与革命精神的关系。

儒教思想内部一直存在制度论争：周公与孔子的地位之争和复三代或损益三代之争。今文家的革命精神倡孔子优位说和损益三代说，但古文家也并非与制度创新的革命论没有关系，王莽的革命论就以周公为制度创新的符号。②晚清激烈主张民族主义革命的章太炎是古文家派的大师，1906 年太炎在东京说，激发革命热情，要么"用宗教（佛教——引者）激发信念"，要么"用国粹激动民族性"。所谓国粹指"我汉民族的历史"——作为史事的六经，六经作为三代政典，既是史事，又具大义，"章学诚的后继者——义方面的继承者龚自珍、事方面的继承者章炳麟——恰恰都是激进主义者！"③ 毛泽东新政批孔却未批周公，"文革"

---

① 引自亓冰锋，《清末革命与君宪的论争》，台北：商务印书馆，1966，65 页。
② 参李孝悌，《托古改制：历代政治改革的理想》，见郑钦仁编，《立国的宏规：制度篇》，台北：联经出版公司，1982，471–480 页。
③ 参岛田虔次，《六经皆史》，见刘俊文主编，《日本学者研究中国史论著选译卷七：思想宗教》，许洋主等译，北京：中华书局，1993，182 页，205 页。

后期还传达过"周公恐惧流言日"的最高指示。名为复古，实则通今，或名为通今，实则复古，都不是华夏政治史上的什么新奇事。

儒家革命精神的改制之依，实际上在周代政制的传承方式上多有论争。因而，儒教内部在复或损益三代之制理想上的冲突是一回事，儒教政制理念同新夷狄的政制理念的思想冲突是另一回事。前者是儒教内部家人之间的冲突，后者是我族同他族的冲突。晚清的制度论争由西方政制的冲击挑起，与西方政制相遇之前，儒家作为华夏儒教帝国政制基础的守护人，习惯了儒教礼制的优越性。西方政制逼使儒教士面对制度的多样性——不仅儒教政制与西方政制不同，现代西方政制本身也是多样的，这使儒生内部新的思想冲突变得相当复杂。

儒教革命精神的改制歧见，是现代儒家革命论的主要特征。但儒教士之为儒教士，其使命就在葆三代政制理想。华夏儒教政制的正当性如何与现代民族国家的民主政制的正当性相融构，才是儒教思想面临的更为根本的现代性难题。儒教士很难适应这一难题，主要因为华夏儒教帝国从未遇到过制度正当性的挑战。朝代更替是政权的更换，儒教制度理念及正当性形式没有变。汉以降各代虽然都在具体的官僚制度方面有所因革，为制度而忧心的儒生代不乏人，凡此因革和忧心，都是在儒教礼制的制度理想的框架中生发的。佛教义理入华，对作为国家宗教的儒教义理的冲击仅是生命论的挑战，以致促发了儒教精神气质的演化，佛教并未携带一套政制理念，尽管对政制正当性不无威胁，毕竟未激起儒教在政制理念选择上的压迫性反应。"尚魏晋时输入者非天竺之佛教而为希腊之哲学或罗马之法律，则此后千余年之中国历史必有绝对不同之发展。"① 如果以为唐人制度能化夷为夏，细究隋唐政制的演化就可以为现代儒生走出政制危机提供思想资源，那就表明，没有明白当今的问题根本不是夷夏之分，而是民主政制的不同正当性之分——自由民主抑或人民民主。

不过，在现代性语境中，儒教政制的正当性面临的危机对于儒教士来说，又的确是一种民族性危机，民族生命与政教制度同时出现破裂：当儒生发现欧洲人有与中国程度至少相当的文明时，"就开始不安了"。② 对于儒教士（而非所有的现代中国知识人）来说，民族生命就在儒教政制之中。儒教思想本质上是一种民族性思想，即把华夏民族生命视为文化生命，而所谓文化生命正在儒教的政教制度，维系这一制度成为思想的首要负担。儒教士常言，公羊家的夷夏之辨重在文教制度，是文明与野蛮之辨，不是种族之辨。可是，儒教的文明制度本身带有民族性，而西夷制度亦是一种文明，而非野蛮。如此一来，儒教士葆三代之制政教理想的论证负担，就艰巨得要命："今所谓外夷者，

---

① 萧公权，《中国政治思想史》，上卷，台北：联经出版公司，1993，429页。"佛教并无助于建国创制，是以佛教之输入，待表示民族生命与文化生命之不合一，乃一长期之破裂与曲折。"牟宗三，《略论道统、学统、政统》，见氏著，《道德理想主义的重建》，前揭，93页。关于义理—性理之学的兴起与唐代以来佛学挑战的关系，参徐洪兴，《思想的转型：理学发生过程研究》，上海人民出版社，1996，26-70页。

② 冯友兰，《中国哲学简史》，北京大学出版社，1985，223页。按张灏的论点，清末民初的乌托邦是"以民族救世观的形式"表现出来的，"未来意识"与"国家危机"实为一码事。参张灏，《再论中国共产主义思想的起源》，见余英时等，《中国历史转型时期的知识分子》，台北：联经出版公司，1992，57页。

非复古之外夷……迫我不得不图改变。"①随之而来的问题是,如何改变?与哪一种现代民主政制——自由民主抑或人民民主——的正当性相融构?如果儒教政制理念中本身就有人民民主的(德治)"传统",与现代民权政制理念融构,不就既可改制,又能葆有儒教礼制的精髓?

儒教政教制度的危机,显然是催生现代儒教革命思想的酵素。晚清之际可以设想的对付危机的思路不外两种:改制(变法)与创制(张三世)。在现代语境中,改制与创制都不再是单一的制度选择。托古改制论有托华夏之古,亦有托西洋之古,亦有分托两古。创制亦有所本:或本于华夏的大同理念,或本于西洋的自由民主理念,或本于西洋的社会主义理念。但是,无论改制论还是创制论,均未脱儒家革命精神,即以圣人心态改制或创制。

儒教革命精神与西方近代革命思想的相互格义首先体现于改制方式,这里已经显出法国大革命的影响。梁任公流亡期的革命论倡导制度的现代性更革,《释革》一文指出,"革"的含义有"改革"(reform)和"革命"(revolution):"Revolution 者,若转轮然,从根柢处掀翻之,而别造一新世界,如法国一千七百八十九年之 revolution 是也。"② 任公以为,儒家文典中的"革命"一词不足以用来译 revolution,因为汤武革命的"革殷受命"只是"王朝易

---

① 吕思勉,《中国制度史》,上海教育出版社,1985,483 页。毛丹分析儒家凡圣合一思想传统对中国近代政治文化的规约颇当,然未能点出这一要害。参毛丹,《凡圣合一典范的世俗个性:儒家意义世界的近代转置》,见《中国社会科学季刊》,2(1994),89—106 页。

② 梁启超,《释革》,见夏晓虹编,《梁启超文选》,卷上,北京:中国广播电视出版社,1992,171 页。

姓",并非真的改制,改制与易姓与否无关。因此,日人用"革命"译revolution是搞错了。Revolution的意义重在"革",是制度理念的改变(梁氏称为变革),而非"天命"循环中的革"命"。但任公也承认,《大易》的"革"有两义:改革或变革。他提倡"变革"义,称"为今日救中国独一无二之法门"。

> 今日之中国,必非补苴掇拾一二小节,仿真欧美日本现时所谓改革者,而遂可以善其后也。彼等皆曾经一度之大变革,举其前此最腐败之一大部分,忍苦痛而拔除之,其大体固已完善矣,而因以精益求精、备益求备。(同上,175页)

若比较毛泽东对中国历代农民革命与他所领导的革命的不同评价,就可看出与任公上述论点的精神同构性。这里显然有法国革命和俄国革命法理的影响,但起支配作用的仍是公羊家和心学家为万世开太平的精神,承接的是古典公羊学的张三世之旨。尽管制度理念已经变了("近百年来世界所谓变革者,其事业实与君主渺不相属……国民变革与王朝革命,其事固然不相属,较较然也"),任公的语式还是儒家圣人政治论的语式、公羊家的词汇:

> 变革云者,一国之民,举其前此之现象而尽变尽革之,所谓"从前种种,譬犹昨日死;从后种种,譬犹今日生"(曾文正语),其所关系者非在一事一物一姓一人。……毒蛇在手而惮断腕,豺狼与道而问狐狸,彼尸居余气者又何焉?所最难堪者,我国民将被天然

淘汰之祸，永沉沦于天演大圈之下，而万劫不复耳！
（同上，174－175页）

这种圣人心态和圣人语式对毛泽东的影响，见于传记。毛泽东说，自己年轻时对《新民丛报》文读得烂熟，可以背诵，想必也读过此文。于二十年华时所记的《讲堂录》中，毛泽东写道：

> 彼此人者，以一下万事为身，而以一身一家为腕。惟其爱天下万世之诚也，是以不敢爱其身家。身家虽死，天下万世固生，仁人之心安矣。①

在圣人心态和圣人语态上，毛与梁相通。这是法国大革命精神的影响？然而，重要的是：儒家革命精神气质易于契合法国革命和俄国革命的道义性精神气质。法国大革命的圣人革命论的正当性基础是民权，企求的是人民民主政制，对于儒教士来说，这固然是新的，但就神圣革命精神而言，罗伯斯庇尔们和列宁们与源远流长的儒家圣人革命精神相比，历史资历就显得太浅了。

任公以为"天地之公理，终不可无人以发明之也，故孔子发愤而作《春秋》，以行天子之事"。这是公羊家的惯辞，但任公在论说中加入了现代性思想的质料：

> 吾固言不能不变若天理也，变而日进于善者天理而加以人事也。积世积年积人积智，凡天下一事之成

---

① 转引自陈晋，《毛泽东的文化性格》，前揭，22页。

就,必经数日千年数百千万人之智慧能力而始成也。积众生之智慧能力久之,而圣人出焉,圣人出而众生之智慧能力又增长焉。如是递引递进以致文明,此教之所以足贵也。《春秋》政治之效盖以此也。①

维新改良的任公以儒家革命精神来消化法国大革命的革命法理,革命之事乃天子之事,是道义—宗教化的社会改造。法国大革命的理念(人民民主的改制理念和道义—宗教化的改制方式)与公羊家革命思想的亲和是巧合?

一旦任公认识到与人民民主的改制理念和道义—宗教化的改制方式(革命)不同的自由民主理念和政制,他的革命观又为之一变。辛亥共和革命后,任公论《革命相续之原理及其恶果》,举革命恶果十端,首端为:

> 天真未凿者,则几认革命为人生最高之天职,谓天生血性男子,只以供革命之用,无论何时,闻有革命事起,趋之若不及,苟有人焉以一语侵及革命二字之神圣者,即仇之若不共戴天。此种谬见深中于人心,则以极危险之革命认为日用饮食之事,亦固其所。……地载中国之土,只以供革命之广场,天生中国之人,只以作革命之器械,试思斯国果作何状,而斯民又作何状者?②

---

① 梁启超,《读〈春秋〉界说》,见葛懋春、蒋俊编,《梁启超哲学思想论文集》,北京大学出版社,1984,19、27页。
② 梁启超,《革命相续之原理及其恶果》,见葛懋春、蒋俊编,《梁启超哲学思想论文集》,前揭,230、233页。

毛泽东若读此语，不认定任公背叛革命、作"反"革命怪论或"反公羊家言"才怪。自然，他自己的"不断革命论"就是公羊家的嫡传了。任公的"反"革命论不仅脱离了法国革命论，也疏离了儒家革命精神，对圣人精神不再钟情，表现出对自由民主宪政的偏爱：

> 共和国之尤易倡革命者，虽自私之鄙夫，常托名国家以胁人，虽极野心者，常得宣言吾非欲居其位也。只须煽动响应，不必其果服属于我，一革去其所欲革之目的物，则复得以统一共和等名义箝他人之口而制其命，而不复劳征伐，此真革命家之资也。……革命只能产出革命，决不能产出改良政治。改良政治自有其途辙，据国家正当之机关，以时消息其权限，使自专者无所得逞，舍此以外，皆断潢绝港，行之未有能至者也。（同上，232、234页）

儒家革命精神与西方近代革命思想的相互格义绝不仅是思想性的，更是历史行动性的，从上个世纪末延续到如今，就不用多说了。相互格义的历史演化表明：一，儒家革命精神是中国现代性革命的精神基础和选择西方现代性改制方案的释义学背景；二，中国现代性革命偏向法国革命的人民民主理念，有儒家革命精神传统的释义学背景，现代儒家革命精神与西方近代的现世—神圣革命精神有亲和性说明了这一点；因此，中国现代性革命不是如顾彬所以为的那样，是西方世俗化神圣革命的延续，而是儒家革命精神与西方世俗化神圣革命的近亲性历史构合；三，现代性制度变革的自由民主理念与儒家革命精神传统及其政教理想不相融，这是儒家革命精神与西方近代革命思想的相互格义最重要的思想结果。任公的思想转折说明了这一点。儒教礼制思想可以开出人民民主政制，却难以开出自由民主宪政。

余论：革命权利与圣人正义论

回到宗教—政治理论的论题，也即是顾彬的第二层面的论题。首先需要讨论的是西方近代革命与基督教的关系。

与任何宗教信念一样，基督教信仰也是独断性的。问题在于，这种独断性的人生信念的内涵对现世的态度如何，以及与政治制度的关系如何。耶稣传上帝的道，是神人式的"我在"语式："我是道路、真理、生命。"耶稣的"我在"之道仅关涉个体生命的偶在和脆弱生存的得救，与政治或政制无涉。基督教的宗教理想并不包含革命精神的因素，乃因为与佛教一样，基督教并不以为人生问题在现世有终极解决的可能。无论如何完美的现世政教制度，都不可能救护个体生命的偶在和脆弱性。耶稣不制世间法，拒绝魔鬼以天下万国统治权的引诱。保罗创立的基督教政治原则相当保守，对待现世政治秩序的基本态度是，认可现存统治秩序的合法性是上帝批准的。[①] 所谓认可现存统治秩序的合法性，指承认法律制度的正义原则。从俄利根到托马斯·阿奎那，服从世俗政权意味着服从符合上帝意志的

---

① 参特洛尔奇，《政治伦理与基督教》，见特洛尔奇，《基督教理论与现代》，刘小枫编，朱雁彬、刘宗坤等译，北京：华夏出版社，2004。

法律正义制度,而法律制度与世俗政权并不完全是一回事。① 然而,与佛教不同,基督教教会作为具有自在法权的宗教共同体又有限制皇权的政治功能,提供了抵制现世的圣人正义政治的条件。如果皇权想自称为"借上帝的恩宠"来支撑政体的正当性,教会就是有责任和权威制约皇权的当然正义性的社会建制,与汉代今文家儒生集团的教政合一的法理完全不同。②

革命精神对于西方是现代的现象。从思想史角度看,西方的现世神圣革命观念的形成与中世纪"总体秩序观念"的瓦解、文艺复兴时期世俗国家观念的形成和宗教改革时期"自然权利观念"(近代世俗自然法)的出现相关。这一历史的思想演变过程相当复杂,不是基督教观念的世俗化可以大而化之地解释的。③ 其中的关节,在于人民主权理论引出的革命权利的正当性问题。按照社会契约论的人民主权思想,革命的权利是人民的自然权利,而不是圣人的权利,哪怕圣人宣称代表人民。这与儒教革命精神的圣人以天命自居不是一回事。讨论人民主权理论引出的革命权利的正当性问题,需要另外的论题框架,这里只能涉及人民主权论的革命权利理论与基督教的关系。

基督教思想设立的彼岸与此岸的对立,上帝的自然法与现世政治秩序的对立,可以被用来支持一种激进的社会

---

① 参卡西尔,《国家的神话》,张国忠译,杭州:浙江人民出版社,1988,107 – 116 页。

② 参 W. Eberhard,《汉代天文学与天文学家的政治功能》,见 B. Schwarz 编,《中国思想与制度论集》,段国昌等译,台北:联经出版公司,1976,28 – 29 页。

③ 参 Karl Griewank, Der neuzeitliche Revolutionsbegriff《近代革命观的起源和历史》, Frankfurt/ Main, 1973, 23 – 142 页。

主张。旧约《创世记》中天堂和人的沦落的叙事,为近代思想谈论自然状态与政治秩序的关系提供了思想资源。革命的权利是人民反抗违反原始契约的政治统治的权利,其正当性既可以说成自然状态中的自然权利,也可以说成上帝赋予的神圣权利,总之是"天赋"的权利。无论是哪种权利,都还算不上建立人间天堂的权利。在基督新教各派中,加尔文宗强调宗教法权,路德宗则强调个人良心的天(上帝)赋权利。但加尔文宗同样强调遵从现存的法律秩序,路德宗分离道德与法律,认可现世的政治强制中法律制裁的合法性——从这种视国家的法律为道德中立的工具的观点中,伯尔曼看到了现代法律实证主义的源头——这样就出现了基督新教保守和激进的两面性。[①] 无论新教可能引出的革命权利的正当性酵素有多少,在需要变革的社会政治制度与革命的权利(正当性)之间,始终有一个如何对待法律秩序的(合法性)问题。自"教皇革命"以来,西方法律制度的发展与法律自治的合法性原则相联系,国王和民众都要服从法律被认为是理所当然的。这种相对独立于政治和宗教的合法性问题,是中国的传统政治思想中所没有的。

这种典型基督新教政治观的两面性在康德的革命理论中反映得颇为充分:造反现存法律秩序的革命是不合法的,而改变社会的不公义状态的革命又是正当的。在法国大革命之前,康德就使用革命这一概念,并区分了政治革命与社会革命。康德基本上把政治革命看作民众骚动的产物,

---

① 参特洛尔奇,《新教对现代世界出现的意义》,Uünchen, 1963; Eugen Rosenstock - Huessy, Out of Revolution: Autobiography of Western Man (《走出革命:西方人的自传》), Norwich, VT. 1969, 35 - 454 页。

破坏了现存的法律制度,无论政治革命依据的反抗现存法律秩序的道德理由多高,都是不合法的。

> 法律是如此神圣和不可违反,它本身就表明必须来自最高的、无可非议的立法者,以致哪怕对它只有一丝怀疑,或对它的执行停止片刻,实际上都是犯罪。这就是下面一条格言的含义:"一切权力来自上帝。"这个命题并不是说明公民宪法的历史根据,只是作为实践理性的一种理想原则。……在任何情况下,人民如果抗拒国家最高立法权力,都不是合法的。因为唯有服从普遍的立法意志,才能有一个法律的和有秩序的状态。因此,对人民说来,不存在暴动的权利,更无叛乱权。最不该的是,当最高权力具体化为一个君主时,借口他滥用权力,把他本人抓起来或夺去他的生命,这还有什么合法性可言呢?……人民有义务去忍受最高权力的任意滥用,即使觉得这种滥用是不能忍受的。理由是,对最高立法权的任何反抗,只能说明这与法理相悖,甚至必须把它看作是企图毁灭整个法治的社会组织。……有时候,更改有缺陷的国家宪法是很有必要的。但是,一切这样的变更只应该由统治权力以改良的方式进行,而不能由人民用革命的方式去完成。如果进行更改时,它们只影响执行权力,而不是立法权力。①

---

① 康德,《法的形而上学原理:权利的科学》,沈叔平译,北京:商务印书馆,1991,146-152页。亦参康德,《历史理性批判》,何兆武译,北京:商务印书馆,1991,193页;康德,《道德形而上学原理》,苗力田译,上海人民出版社,1986,91页。

按照这一论点，尊重法律秩序才是道德的，政治革命作为一种建立新制度的手段，只能是改良法律秩序的政治变革。为了保证社会成员的行为与绝对命令的要求完全一致，需要有绝对的强制权力的法制国家。从法哲学的观念来看，自由就是服从法律，革命的权利问题在于：革命能否成为达到更完善的法制的合法且正义的手段，能否通过政治暴力推翻现存法律秩序达到更正义、更道德的法制？

社会革命是人类道德目的的运动，以应然的自由为依据改变社会的基本关系及其结构，其正当性在于人民"为自己提供一种他们觉得对自己是很好的公民体制"，属于历史哲学问题。按照这种人民主权论的观点，社会革命是达到人类道德目的的手段，这一道德目的要求应该的东西得到实现——实现人们在生活方式和制度方面、在权利平等方面尚未完成的东西，使社会革命的权利成为正当的：

> 在经过许多改造性的革命之后，大自然以之为最高目标的东西——那就是作为一个基地而使人类物种的全部原始禀赋都将在它那里面得到发展的一种普遍的世界公民状态——终将有朝一日会成为现实。(《历史理性批判》，前揭，18页)

康德对法国大革命的看法突出地表现了他对革命的如此矛盾的态度：革命不可能避免灾难和暴行，即使想到革命会带来美满结局，思维健全的人也不会认为如此代价高昂的试验是正当的；但是，革命中近似于人类道德禀赋的根据，往往引起人们热情的同情，虽然这种热情本身是危险的(《历史理性批判》,前揭,152 – 153页)。康德的理想社会是具有公民宪法的国家(共同体)秩序和有"共同的约定和立法"的国际(诸共同体)秩序,为此目的的革命是正当的,人民的道德想象毕竟是共同的立法意志的基础。但人民在实际的法治秩序中没有权利质疑最高权力的来源,因为"人民必须假定他们已经在一个共同的立法意志之下联合起来了"。区分政治的和社会的革命,实际上很难,这样一来,革命实际处于正当性与合法性的两难中,有如康德自己处于霍布斯和卢梭的两难中。正当性(权利)与合法性(权力)哪一个是"最高"的?

康德的矛盾看起来是在法哲学与历史哲学之间摇摆,其实是在自然王国与目的王国之间、实然与应然的二元中摇摆:人民主权原则只是自在之物,在现象界(现世政治领域)不可能完全实现。现存的国家制度的不完善不能成为不服从现存法律的理由,破坏法制的革命会使社会退回到无法的原始状态,反抗现存权力必须以法律国家的秩序为依据,公民有绝对服从合法政权的义务。这样一来,政治革命的权利实际上被否定了,康德只认可合乎理性、道德和促进法律改良的政治变动。但政治改良的合法性来自人民主权的正当性,使统治政权更合乎原初的契约,因此人民有反抗不正当的国家权力的权利。问题是,人民是否可以通过政治革命方式来达到这种道德目的。无论如何,人民主权论是与社会契约论联结在一起的,以为儒教思想中的民本论可以接通现代人民主权论的人,显然不懂得何谓社会契约论以及(从自然状态到法律状态之)公民状态的确立。康德否定政治革命的理由实际在于:社会契约的国家统治者既可以依据更合乎原初契约为理由承认政治革命的权利，也可以用同样的理由否定这种权利，因为反抗现存的法律秩序受损的往往是人民的权利，被篡夺的政权是不会在合法基础上转让给任何人的。关键在于，宪法（社会契约）是否表达了人民的利益，如果政权违反宪法，人民拥有的权利是修改宪法，而不是破坏法律制度。人民主权只有在如下情况下才能实现：有一个表达和统一人民意志的机构，而且重要的是其组织原则，而不是其形式。社会契约论的道德目的与儒教宗法的道德目的岂可同日而语，与基督教的道德目的也不是一码事。

近代西方自然法从神义论向人义论的转变与现代民族（主权）国家的形成纠结在一起。十六世纪的新教运动和十七世纪的英国革命以来的西方革命"都是民族革命"，反对罗马天主教的政治权力，"把大量来自教会的教会法采用于民族国家"（伯尔曼语）[1]。在西方传统的斯多亚－基督教自然法支配的政治结构中并不存在革命的理论和实践，原因之一就在于罗马的欧洲超民族帝国的共和法理的延续效力。当自然法从神义论向人义论转变时，仅仅为千禧年的想象世俗化提供了法理前提。直到法国革命之前，世俗化的千禧年想象还未同民族国家的历史冲动纠结在一起。法国革命通过政治革命的形式才把世俗化的千禧年想象变成历史行动：这是"一个新的和最后的自由平等的时代，人类长期压迫的历史的结束，公正社会的到来"（伯尔曼语）。法国大革命不仅改变了西方近代民族革命的性质，使政治革命与社会革命一体化，而且提供了"以宗教革命的方式、带

---

[1] 参伯尔曼，《法律与革命：西方法律传统的形成》，贺卫方等译，北京：中国大百科全书出版社，1993，27－28 页；H. Arendt,《论革命》，New York, 1963, 2 页。

着宗教革命的外表进行一场政治革命"的典范。由于宗教植根于人性本身,法国革命"极少像政治革命那样局限于一国人民、一个种族的疆域之中",而是"能广泛传播,不管法律、气候、民族有何不同"。① 康德论及革命的论文的主题大多与各民族国家的国际关系相关,这是颇值得注意的。由此可以推论,因基督教自然法的世俗转化而来的人民的革命权利问题与民族国家的兴起联系起来。后起民族国家如果必须通过暴力革命来获取民族自主的权利,如果以法国大革命的人民主权论为理据,现代世俗的圣人正义论的形成就与基督教的世俗化不相干。罗伯斯庇尔的"革命法制"论表明,另一种正义诉求有如新的"天"的道义出现了。

> 实现正义一直被宣布为法律本身的救世主理想,它起初(在教皇革命中)与末日审判和上帝王国相联系;然后(在德国革命中)与基督教徒的良心相联系;稍后(在英国的革命中)与公共精神、公正和过去的传统相联系;再后(在法国和美国革命中)与民意、理性、人的权利相联系;最晚近(在俄国革命中)与集体主义、计划经济和社会平等相联系。首先在这些伟大的革命中找到表达的是关于正义的救世主理想。重建作为实现正义的更基本的法律,为推翻维护既存秩序的法律提供了合理的根据。(伯尔曼,《法律与革命》,前揭,25页)

---

① 托克维尔,《旧制度与大革命》,冯棠译,北京:商务印书馆,1992,51页。

从这样的背景来看，西方政治思想出现圣人正义论，既与自然法的世俗化相关，又与民族国家的自主权利有关，既可以是现世世界主义式的，也可以是文化民族主义式的。法国大革命作为一场世俗的宗教革命，仅仅铺设了西方政治思想中圣人正义论出现的部分前提，对于圣人正义论的最终成形，相当关键的是法国革命后兴起的浪漫主义思潮。卡莱尔的英雄崇拜论和马克思的神圣阶级论可以被看作西方圣人正义论成形的标志，而两人的思想恰恰都受过浪漫主义洗礼。浪漫主义绝非仅是一种审美精神，其实质是西方思想的价值观和政治原则的一场根本转变：浪漫派的神话理论"全然改变了先前所有的价值"（卡西尔），引出了西方政治思想史上继希腊晚期（斯多亚主义）和近代初期（马基雅维里主义）的两次重大转折之后的"第三次重大转折"（the third great turning‑point，伯林语）。[1]

浪漫主义神化自我的自主性、精神的原创性、民族的独特性，从而，自我创造、民族历史、原始神话构成了浪漫主义思想的三位一体。浪漫派的如此精神原则如何可能导致西方政治原则的根本转变？按伯林的论析，西方传统的价值观（从古希腊到启蒙运动）无论有多少变种，均持守这样一个精神原则：真理是作为一个事实被发现的；浪漫派则认为，真理是个人的一种创造。这种精神原则的结果是，政治判断的基础被置换了："如果人的本质就是自我的宰制——自我本己的目的和生活形式的意识的声音，就构成了

---

[1] 参卡西尔，《国家的神话》，前揭，4–6页；尤其 Isaiah Berlin, *The Romantic Revolution: A Crisis in the History of Modern Thought*《浪漫派的革命：现代思想史上的一场危机》，见氏著，*The Sense of Reality*, London, 1996, 168–192 页。

与支配人在宇宙中的位置的观念的古老模式彻底断裂。"这种起源于卢梭和康德的"内在声音"论以及路德的"呼召"论的自我观在费希特的"纯粹自我"学说中达到极致,而费希特偏偏又是一个"神秘的民族主义者"。"如果这种自我与'人民'等同,那么,人民就有了用任何诡诈和有力的武器实现其使命的道德权利。"① 这里的所谓"人民",显然是"纯粹自我"的一种道德创造。

德国浪漫主义的兴起,多少与西方世界分裂为民族国家后国族精神受压抑相关,其民族历史的神化式浪漫想象,既可以是费希特激发出来的"德国历史学家的浪漫沙文主义"(the romantic chauvinism of German historians,伯林语),也可以是黑格尔用极度抽象的世界历史主义装饰的思辨民族主义。② 无论哪种情形,浪漫的民族历史观将世俗历史变成救恩历史,而不是将救恩历史变成世俗历史,从而打通了康德的"自然王国"与"目的王国"(类似于基督教的此岸与彼岸)不可跨越的鸿沟。政治思想上的浪漫想象就是具有民族特质的制度创新,专与启蒙主义的形式理性原则和形式正义原则作对。对古希腊神话精神和日耳曼神话精神的迷醉,实质是用"动力性正义论"取代启蒙理性的"形式均衡的正义论",为后起民族国家提供了在国族竞争中崛起的文化民族主义的政治想象。③ 当今后现代理论的政治想象容不得形式理性和形式—程序正义原则的普遍性,依据人种

---

① Isaiah Berlin, *The Romantic Revolution: A Crisis in the History of Modern Thought*,前揭,178 – 184页。
② 参卡西尔《国家的神话》中的详细分析,前揭,282 – 293页。
③ 参 P. Murphy,《浪漫派的现代主义与古希腊城邦》,见《国外社会科学》(北京),1996 (5 – 6),8 – 13页,25 – 32页。

学、文化人类学、神话学攻击所谓"西方的现代性",都是传承这种"动力性正义论"。

马克思的历史唯物论推进了黑格尔的世俗历史宗教化,其政治想象使"自然秩序"(相对于所谓历史的异化状态)的权威内化于先进阶级,使之成为圣人阶级,从而构成政治论述中的圣人正义论。马克思也区分政治革命与社会革命,但与康德不同,政治革命指受特殊的阶级利益支配的革命——具体说,近代以来的革命都是资产阶级的革命,这种革命只是人的本质的虚假实现。社会革命才是人的本质真正全面、彻底的解放,这种实现人的普遍解放的革命不是乌托邦,相反,资产阶级的"纯政治的革命"才是乌托邦,因为引导和实践这种完全的社会解放的革命无产阶级身负的不是特殊的阶级利益,而是整个人类的利益,这个阶级"有一个由于自己受普遍苦难而具有普遍性质的领域"(马克思语)。① 无产阶级因代表普遍的人类本质而成为圣人阶级,迫于马克思的理论逻辑,人们"应该承认,德国无产阶级是欧洲无产阶级的理论家"(马克思语)。既然马克思自己就是这个理论家阶级中的理论家,他当然就成了圣人阶级中的圣人。马克思对所谓近代资产阶级革命的批判,与浪漫主义在哲学上唾弃形式理性和在政治思想上否弃形式正义内在地融贯为一。通过马克思这个中介,黑格尔抽象的世界历史主义在变成具体的世界历史主义的同时,原有的思辨民族主义也转变成实践的民族主义(从黑格尔到列宁)。

马克思是哲学家还是革命家?——身兼两者;黑格尔

---

① 参约翰森,《青年马克思的哲学和革命》,见《哲学译丛》,1 (1985),18 页。

是哲人，不是革命家；列宁虽然是革命家，却留下了哲学笔记一类的光辉著作。黑格尔哲学明显是一种基督教的哲学，从而可以看到，基督教在其历史的形成和发展过程中出现过众多变体，笼统地谈论所谓基督教因素，没有实际意义。要探究西方现代圣人正义论具体的宗教基因，笼统地谈论所谓基督教的世俗化，也把相当复杂的问题简单化了。比如，与洛维特对近代历史哲学的解释不同，沃格林（E. Voegelin）注意到现代革命与灵知主义的关联。灵知派是一类特别的智识人，他们离"天道"近、离"人道"远，却偏偏又带有一种世俗的政治取向，寻求现世政治秩序的神圣化。奥古斯丁划分上帝之城和世俗之城，在神圣世界与现世政治之间建立起张力性平衡；与此相反，灵知派主张神圣世界与现世政治重叠，现世政制被赋予现世的神圣使命——在沃格林看来，现代的圣人正义论不过就是古代灵知派的复活。①当西方世界分裂为民族国家并随之展开国族竞争时，传统的王者逐渐让位于革命领袖，这些现代的"当新王"有一个共同特色：或多或少都有某种哲学修养。换言之，总体性的道义革命理念是近代哲学修养培育出来的，看起来的确就像是灵知主义世俗政治神学的现代版本——欧洲的浪漫民族主义不过是新型哲人的政治想象，实现这一想象还需要等待"新王"在历史中出场。

随后在历史中出场的各种"新王"——哲人王——并非来自于天上，而是来自某个具体的民族文化地域，身负各自的民族精神传统；于是，独特的文化民族性与人类终

---

① 关于灵知主义，参见刘小枫编，《灵知主义与现代》，张新樟等译，上海：华东师范大学出版社，2006；与现代政治的关系，参沃格林，《没有约束的现代性》，谢华育、张新樟等译，上海：华东师范大学出版社，2007。

极解放的使命感便历史地结合起来。德国、俄国、中国都是后起民族国家，头大（民族精神）体弱（国力不盛），"当新王"的政治想象的动力因素一方面来自新的普世性哲学（严格来讲哲学都是普世性的），另一方面则来自不同的民族性精神资源：日耳曼民族神话想象、俄罗斯东正教的第三罗马使命感或者心学的圣人心性论。

由此看来，顾彬的论点将现代的世俗神圣革命精神完全归因于启蒙理性，就过于笼而统之了，问题关键在于：启蒙理性是哲人搞出来的——近代以来，西方出现了一类新型的哲人，启蒙运动不过是哲人转型的结果。由启蒙理性来支撑的社会制度变革的正当理由来自哲人正义论，浪漫主义对启蒙理性的政治批判，更多是对哲人正义论引出的结果作出的反应，而非是对哲人的生存位置的根本置换及其生存品质的转型作出反应。

这里不能详究如此复杂的政治思想史课题，我想就此转向顾彬论文中的第一层面的论题——关于"人世完美性的想象"。问题关键仍然在于：谁在"想象""人世完美性"？不就是哲人在"想象"？法国大革命之后，经过浪漫主义，出现了两种相当不同的正义论：人民民主正义论与自由民主正义论，两者是现代式的，但前者是圣人正义论，后者是所谓形式正义论。换言之，前一种正义论明显还葆有"人世完美性的想象"，后一种正义论则明显已经不再去"想象"什么"人世完美性"，而是"想象"个体的自由平等权利。如果把这两种不同的"想象"放在一起对比来看，一种不是太高、另一种不是太低吗？然而，无论"想象"或不再"想象""人世完美性"，总归都是圣人（在西方叫做"哲人"）在"想象"或不再"想象"。从而，无论人民民主正义论还是自由民主正义论,都是现代式的圣人正义论——圣人制法,进而法依圣人,两种正义论的不同法律制度仍然是具有政治"想象"的圣人心意的工具。现代式的圣人替阶级或者民族代言,基于相信自己的道德天性,以为尽心知性即可得天义和天理,用现代的语言来说,就是掌握了历史的发展规律,或者当上了历史命运的主人。

如果"人世完美性的想象"已经让我们吃尽苦头,而我们又没必要一头扎进低俗的另一头,就必须回过头来找寻问题的症结:哲人何以变成或身兼革命家。

儒家革命精神的实质是圣人正义论——然而,从孔(《易传》)、孟(《万章》)、荀(《王制》)经《春秋公羊传》《春秋纬》《孝经纬》到心学的内圣外王,圣人正义论虽然一脉相承、一以贯之,其间却有过质的变化:经学的圣人正义论与心学的圣人正义论有根本性的差异:使得古代圣人品质发生质变的恰恰是心学——王阳明抹去"圣人"的历史品格这一古代尺度,高标"率性而为"型的圣人,堪称"圣人"转型的标志(马基雅维里在《君主论》中混合哲人与革命家身份,第六章重新评价古代先王,混淆圣王与僭主,堪称西方哲人转型的标志),尽管佛教入华以及随后佛学的兴盛明显是这场转型的历史原因。圣人当然是正义的,他不仅"顺天",而且"应人";圣人心态或素圣王感据有道义的身位,这一点古今皆然——问题在于,倘若圣人品质变了,道义也随之会变。华夏中国是一个礼教国家,圣人在其中的位置以及品质的转型颇值得我们研究,却迄今尚未得到充分研究——西人对中国宗教的研究偏重民间宗教和佛、道等建制性的独立于国家的宗教,倘若跟着西方宗教学的研究旨趣走,我们就始终找不到我们自身的问题究竟在何处。

圣人政治论有很高的哲学前提：现世秩序应该是一个道德统一的教化社会，在这种社会中，民人个体的人生信念没有什么负担。受这种极高明的道德意图的感召，儒家的古代圣人自我感觉被历史拣选，为保守一个教化的秩序而献身历史。现代西方的民主正义论兵临城下之后，面对同样有超强道义诱惑力的西方民主理念，儒教士们大都乱了方寸，丧失了本有的审辩能力——这也难怪，西方思想早在古希腊时期就经历过比较各种政制（尤其主制、僭主制与民主制）的优劣的大论辩，而我们的古人却从来没有与民主理念实实在在地交过锋。

从而，儒家圣人政治论的现代性问题根本在于与西方自由民主正义论的相遇：倘若选择已经不在于是否要民主政制，而在于要什么样的民主政制，儒家圣人政治论的智慧必然面临史无前例的重大考验。自由民主的政治文化基于个体自由、平等的社会契约，不可能基于受命于天或率性造命的圣人正义论，因为，自由主义政治理念的价值论前提是，现世人生的问题不可能获得终极性解决，何况个体的人生价值信念是非常歧异的——为此必须建立超越自然法、以形式理性为基础的法律秩序的制度构架。问题是，儒家的圣人正义论能够与形式正义的原则兼容吗？西方的学者说：儒家法理学必然低估程序正义的重要性，因为儒家思想传统缺乏保护个人权利不受集体利益和国家权力侵犯的自然权利传统。[1]然

---

[1] 参 R. P. Peerenboom,《儒家法学：超越自然法》，见高道蕴等编，《美国学者论中国法律传统》，北京：中国政法大学出版社，1994，135－153 页。这一观点实际来自韦伯，参 M. Weber,《儒教与道教》，王容芬译，北京：商务印书馆，1995，198 页以下。亦参白乐日，《中国的文明与官僚主义》，黄沫译，台北：久大出版社，1992，148 页。

而，这正好说明，儒教政治思想传统很难与自由民主的现代政治文化兼容。倘若如此，当代儒教士面临的选择似乎是：要么放弃儒教政治思想传统，全面拥抱现代西方的自由民主制，要么后退一步，先行展开儒家的教化政制与现代民主政制的优劣论辩，把何种生活方式更好的事情搞清楚再说。

如此制度论辩不可能在民族文化论层面展开——儒家的教化政制是我们自家的，所以是好的——而只能在政治哲学层面展开。在古希腊的古典时代，王制、僭主制与民主制的优劣大论辩，并非基于民族习传的立场——让修昔底德笔下的伯利克勒斯感到自豪的是：雅典民主制是雅典人的一种制度创新（参见修昔底德《战争志》卷二 37），但在柏拉图看来，雅典民主制的理念压根儿是外邦来的智识人（哲人）启蒙出来的（参见柏拉图《普罗塔戈拉》322c – 323a）。说到底，制度论辩是哲人挑起的，哲人恰恰不依附民族传统，除非这哲人是懂得政治的哲人。不少论者都喜欢说，西方现代人民民主革命的神圣性与基督教思想有亲和因素，问题是这种亲和性要害究竟在哪里？在于西方式圣人（哲人）与民人的结合——西方的圣人一类（哲人）在西方的历史上早就发生过一场根本性的转型：从哲人转变为政治哲人。无论何时，应该、能够且敢于思考何种生活方式更好的人，始终是人类中的一类人：在西方是哲人（"先知"不思考这样的问题，而是接受上帝的安排），在儒教中国则是"圣人"——儒教的"上帝"不安排一切，得靠圣人"承天"来安排。从而，无论在西方还是中国，问题始终在于，倘若哲人—圣人这类人的品质发生了质的变化，政制选择（或何种生活方式更好）的问题不可能不陷入泥潭。

与此相应，研究现代的革命现象，不仅得区分革命行为（作为一种历史社会现象）和革命理论（对革命行为的实证社会学分析），① 更为重要的是搞清革命诉求的来源——柏拉图笔下的苏格拉底在讨论"内讧"（或革命）的问题之前，先行考察的是各种政治制度的道德品质，并把五种政治制度与五种人的灵魂类型对应起来——换言之，革命诉求与人的灵魂类型有关。② 亚里士多德在《政治学》第五卷和第六卷展开了对包括革命现象在内的"政治病理学和政治医疗学"理析，如此理析同样基于政体类型的优劣比较，进而分析革命与政体的机体性原因……不仅如此，在紧接下来的第七卷一开头，亚里士多德就重提人的基本生活方式的选择问题，并提示他对这一问题的详细探讨见于《伦理学》一书。③ 由此可以看到，亚里士多德与柏拉图一样，在探究革命的正当性问题时，最终都回溯到哲人生活方式的正当性问题。汉语学界若不回头——从政治哲学的古典视野出发来重新审视革命，难免会把时下以改良论面目出现的圣人政治论误识为"反"革命论，也不会看出现代新儒家左右两派的民主政治论的问题所在。

常言说，中国有太多的起义、造反，少有革命。其实，无论起义还是革命，理由都是现世神圣性的：承天而革命或起义——革命即重设天命，"天命是'上天的命令'，而

---

① 参 A. C. Decoufle,《革命社会学》，赖金男译，台北：远流出版公司，1989。

② 参柏拉图，《理想国》，郭斌和、张竹明译，北京：商务印书馆，1986，314页以下；亦参柏拉图，《政治家》，洪涛译，上海人民出版社，2006。

③ 亚里士多德，《政治学》，吴寿彭译，北京：商务印书馆，1981，339页及译注2。

我们译为 revolution 的'革命'则意味着'撤销天命'"……"没有'天命'的预先存在,'撤销天命'也就无从谈起"。① 然而,为什么在中国古代其实从来就没有过真正的革命(重设天命),仅有起义、造反?革命与起义毕竟有本质上的不同——不同在哪里?天命与国家政权的关系发生了根本性的质变才是革命。古代儒家的革命论从来不是显论,乃因为儒教已经奠定了国家政权受命的正当性的宗教性基础。如果说中国历史上发生过革命,那么,就只有今文家和纬书家所说的孔子的精神革命——孔子是中国历史上唯一的革命圣人,但他所搞的革命不外乎摆正"圣人"的生存位置,调教各种想要当"圣王"的年青心智,而这场革命的结果则不仅是中国文教制度的形成,也是孔庙祀制的形成②——孔子站到神社中去了。西方现代的"天命"观(民主正义论)来了之后,儒教国家的宗教性基础(天命)才面临一场新的革命的压力。然而,压力毕竟是压力而已,倘若不是陆王心学为我们事先准备了新型的"圣人",我们对这场现代式革命的压力的反应也许会完全不同,因为,转型后的"圣人"已经不懂得孔子的用心,最终走到"打倒孔子"这一步,岂不正是圣人转型后的题中之义。

人世完美性的道德想象很难辩驳,道德目的毕竟是人类生活的内在尺度。甚至康德也不忍删除道德目的的正当性,而是将之推到自在的目的王国,然后提出一种所谓实践的道德理性,把法律秩序视为"社会、政治、智识、道

---

① C. Johnson,《革命:理论与实践》,郭基译,台北:联经出版公司,1993,2、6页。

② 参黄进兴,《优入圣域:权力、信仰与正当性》,台北:允晨文化公司,1994,87-328页。

德和宗教发展中的一个独立因素"(伯尔曼语),与自在的道德目的构成张力性平衡。不过,这种自律的法律制度的预设,本身就是西方哲人发生蜕变后的结果,倘若我们的政治文化变革构想是要基于康德的实践理性之类来复兴所谓"政治儒学",那就正好表明,我们已然忽略了根本性的问题:哲人或儒教士的转型——当牟宗三说"'理性'首先表现为'德'之意义;以德取天下(取统治权),并以德治天下"(牟宗三,《政道与治道》,前揭,114页)时,他显然没有意识到,自己已然接受了康德哲学的前提——如此前提恰恰是西方哲人蜕变后的结果。

无论中国还是西方的现代圣人政治论,都使我在惊栗之余记起庄子的话,相信顾彬与我会有同感:

> 世俗之所谓至知者,有不为大盗积者乎?所谓至圣者,有不为大盗守者乎?……圣人不死,大盗不止。

这里的"至知者"有"世俗之所谓"这一界定,随后的"至圣者"同样受这个"世俗之所谓"界定。从而,"圣人不死,大盗不止"的说法,是因"世俗"与"至知"和"至圣"的关系发生了变化而来,其含义会不会恰恰是指圣人的品质变了——难道庄子已经看到我们今天遇到的问题?

游击队员与中国的现代性问题

[题记] 本文雏形为 2002 年冬至 2003 年春在德国波恩大学、特里尔大学、爱尔兰根大学和巴黎高等人文研究院作的学术报告，德文稿刊于 *Minima Sinica*（2004 年）；2003—2006 年在国内数所大学曾以此为题做过多次学术报告，中文稿雏形为 2005 年应邀在西南政法大学法学研究所作的学术报告的记录稿（感谢赵明教授的邀请并提供了录音整理稿），成稿后仍不免带有口语记录的痕迹；此外，该稿大纲曾提交给 2006 年 5 月中央美术学院与香港城市大学合办的学术研讨会。

施米特的著作虽然已是当今西方政治哲学界反复阅读和讨论的话题，但他的《游击队理论》一书却很少受到应有关注。西方学界忽略这本小书，不关我们的事情，我们忽略这本小书，就说不过去了，因为，施米特在书中谈到了中国的现代性——而且是从游击队理论角度来谈论中国的现代性及其在全球现代化中的位置和特色,这一视角本身就引人兴味。

如果以为,《游击队理论》不过是施米特诸多论著中不大重要的一种,就失之轻率了。业界人士公认,《政治的概念》是施米特最重要的著作,而《游击队理论》有一个副题叫"政治的概念附识",从而可以视为前者的附篇——《政治的概念》涉及现代性问题的根本层面,《游击队理论》同样如此,中国的现代性出现在这一论题框架中,无异于表明中国的现代性经验与现代性问题的根本层面勾连在了一起。

《政治的概念》初版于1927年,施米特在书中提出"划分敌友"是政治的首要问题这一著名论断,引来迄今没有停歇的争议。为什么这一看起来有些简朴的论断会引发如此旷日持久的争讼?原因很多,其中之一是:如此论断质疑了近代自由主义的一个基本诉求——达致人类的永久和平,一劳永逸地消除人类的政治(冲突)状态。倘若政治状态是人性的体现,一劳永逸地消除政治(冲突)状态,其前提是人性的自然构成的彻底改变。

就在施米特提出"划分敌友"是政治的首要问题这一著名论断的前两年,毛泽东在一份具有历史意义的政治文献中提出:"谁是我们的敌人、谁是我们的朋友,这个问题是革命的首要问题。"(《中国社会各阶级的分析》[1925年12月])这显然是历史巧合,尽管十分有趣,却并没有什么值得关注的事情。35年后,施米特发表了《游击队理论》(中译见施米特《政治的概念》,刘小枫编,刘宗坤等译,上海人民出版社,2004,以下引用仅注页码),在这部副题为"政治的概念附识"的论著中,施米特用了一个专章来讨论毛泽东的

"游击队理论"及其所反映的现代性问题——施米特主动结识了毛泽东,这就不能说是历史巧合了。

施米特与毛泽东——这两个人好像有缘(同年出生),都在现代性政治现实斗争中施展天赋。尽管一个是非常"政治性"的思想家(或大理论家),一个是非常"思想性"的政治家(革命家),两人的个人才性中却有一些并非不重要的共同之处,比如:都喜欢古诗和古史,熟悉各自的古典文学传统,也都亲历过各自的政治共同体从帝国崩溃到现代民国的建立这一历史嬗变过程。这一历史嬗变的重大特征在于,人类生活的政治形式发生了质变,以至于人们对"何谓政治"已深感困惑。因而,当施米特和毛泽东不约而同地提出政治(在毛那里等于革命)的首要问题就在于"划分敌友"时,就不宜仅仅看作一种历史巧合了。毛泽东不认识施米特,没有什么好奇怪的,施米特认识了毛泽东,也并非什么自然而然的事情。显然,要不是因为"现代性问题",施米特也不会跑到中国来认识毛泽东。

施米特认识了毛泽东,这对我们来说意味着什么?更令人感兴味的问题是,他如何认识毛泽东领导的中国革命或者说中国的现代性?

1. 游击战与现代性问题

在施米特那里,"毛泽东问题"(如果可以这么说的话)是在"游击队理论"的考察框架中出现的,而"游击队理论"本身则是一种关于现代性的理论,因为,"根本没有与现代理论相对的所谓古老的游击队理论"(《游击队理论》,页

273)——换言之,古代没有游击战。施米特曾从多种视角来审视现代性,《游击队理论》可以说是从战争哲学—法哲学的角度来审视现代性——我们迄今尚未触及过这一审视角度,遑论用来辨识中国的现代性问题了。

战争从来没有离开过人类生存的历史和现实。中西方最早的经典都涉及战争——《伊利亚特》以及我们的"五经"之一《春秋》,基本背景就是战争。可以说,战争与人类生活分不开,甚至可以说,不了解战争、不研究战争,就不可能懂得人性以及人类生活究竟会遇到什么样的问题。施米特研究游击战,对于一个思想大家来讲,没有什么值得惊讶的,值得注意的倒是,为什么中国的现代性问题出现在这一分析视野之中。

据施米特说,战争有三种历史类型——这当然是从西方历史来看的,换言之,西方的战争形式经历了三个大的历史阶段:第一个阶段可称之为"神话型的战争",也就是荷马的《伊利亚特》中所描绘的战争。人类之间相互打仗总得有个理由,所谓"神话式战争"指的是,战争理由由神或者说"天上的"道义来支撑。

第二种战争形式被称为"古典型战争"——为什么叫这个名称?这里的"古典"指西方的近代时期,亦即近代(封建)君主国之间的战争。这个时候,战争理由发生了变化,争战双方谁都没有了神或者说"天上的"道义作为支撑,于是,出现了一些关于战争的法规(所谓"古典的战争法权"),以此来限制战争。换句话说,战争得依"法制"(战争法)来打。

十六到十七世纪间的欧洲,战争相当频繁——为什么呢?用我们的话来说,那个时候是"封建割据"时代,也就是所谓独立王权（Absolutism）国家形成的时候。中世纪后期，神圣罗马帝国的大一统制度框架式微，逐渐冒出好些所谓独立的君主国，在这个"国家"中，君主有独立的权力，如此权力的理据就在于"国家"（所谓"国家理由"）。打仗是为了君主国，或者说出于"国家理由"而打仗，没有比这个更高的"理由"。

"国家理由"成为战争的法理依据意味着，打仗的理由不是为了超出国家利益之上的一个更高理由——比如说，为了全人类的进步或实现世界大同之类，甚或为了实现上帝的目的。这样的法理引出一些战争的规矩——就像两个贵族公子决斗，败了、死了仍然是贵族，而非成了恶魔。直到19世纪，欧洲都处在这种所谓"古典的战争法"历史阶段：国与国之间打输就打输了，不会侮辱或者取消对方的国格。

接下来就是现代型战争——施米特重点关注的是从所谓"古典型战争"到现代型战争形式的历史嬗变，了解这个过程对于理解游击战问题非常关键。

在思考战争问题时，施米特关心的始终是：战争的"法理依据"是什么？这意味着，人类生活也许永远不可能避免战争，因此问题始终在于：如何限制战争。战争从古代打到当今，人类一直在致力避免战争，然而，即便为了避免战争，也还是需要凭靠战争的手段。施米特敏锐地看到，到了二十世纪，以一劳永逸消灭战争为理由而发起的战争，往往使得战争更残酷、更野蛮、更加非道德，因为，现代型战争唾弃了古典型的战争法，重新拾回了战争的大全式理据——换句话说，古典型战争不具有价值道义，现代战争则带有道义理据，这理据就是启蒙主义的普世性解放：把人类从各种蒙昧状态（比如不民主、不自由，受压迫、受剥削）中解放出来。总之，如此现代性理由成了战争的"大全式理据"。

如果这个理由成立，就当有一只普世性的军队来执行这一普世性的历史使命。吊诡的是，伴随如此普世性的战争理由出现的，是军队的高度民族国家化——现代战争最基本的形式首先基于国家的高度组织化，其体现之一就在军队的所谓"正规"化。以前欧洲人打仗，经常用雇佣军，即便有自家的军队，其组织和专业化程度都很低。意大利在从君主国走向共和时期，马基雅维里就感到，必须建立高度组织化的国民军。清末时期，清廷组建的新军与清军的差别，绝非仅仅在于武器装备，更重要的在于组织和作战形式的技术理性化（不仅指挥系统，新的军事装备也要求军队提高技术理性化程度）。现代军队的高度组织性和正规性来自什么？来自民族国家的形成——凡"正规的国家"都得有自己正规的军队。

先行正规化（现代化）的国家去"解放"尚未正规化（现代化）的国家，就出现了"殖民战争"——游击战就出现在如此历史关头。从而，游击战与殖民化的正规战无异于现代战争的一体两面——游击战之所以是现代的，首先因为逼出游击战的殖民化战争是现代化的产物。说到底，游击战与"正规"战都是从前没有过的，从而都是"现代的"战争形式。

不消说，游击队与正规军在性质上、作战方式和组织形式上有重大差别。首先，正规军是现代国家的基本建制之一，在现代化进程中，可能成为国家竞争的侵略工具（不可能靠一支游击队去侵略进而占领一个国家），与正规军相对，游击队不是国家建制性的，而且恰恰具有反侵略的性质——据施米特说，第一支现代的正规军就是当年拿破仑为了搞侵略而组建起来的（施米特没有提到马基雅维里的建军措施以及他写的兵书，自有其用意），最早的游击队也是由这只正规军招惹出来的。日本新政之后的现代化，发展最快的就是国家军队，目的当然是为了侵略——如此"侵略"披上了普世性的理据（当年日本侵略中国美其名曰"解放中国"）。游击战的出现恰恰针对的是普世性的战争，在这个意义上，游击战是反现代性的。

现代性的普世理据与古典的（即西方近代的）国际法体系处于一种非常暧昧的关系之中，就现代的正规战来讲，交战双方仍然要求遵守古典战争法的基本原则，比如：战争是两个国家之间的军事冲突，因此是国家（政府）之间的行为（内战完全是另一回事），战争期间必须区别对待军人和平民，以人道待遇对待战俘等等。所有这一切无异于规定，战争当以规范（合法）的方式来打。

这样来看，游击战的性质就是以不规范（不合法）的方式来作战，因而是不合法的战争形式。首先，游击战在组织形式上是全民动员，从而取消了军事人员与平民的区分——游击队没有统一制服，绑块手帕在头上或胳膊上就表明自己是一伙，明显不正规，其组织方式就是"非法"的。其次，在作战方式上，游击队讲究"以各种可能利用的手段"作战，不讲"正规"的作战规则——不规则就是游击战的作战规则（想想毛泽东著名的十六字诀："敌进我退，敌驻我扰，敌疲我打，敌退我追"）。正规战有讲究，部署军队如围棋摆势，战争双方首先得面对面，讲究布阵和态势；游击战则采用小规模灵活机动的作战方式，不与敌人面对面对阵，总是躲在暗处放冷枪（很像如今被定义的恐怖行为：偷袭、暗杀），破坏了打仗规矩，跟土匪行为差不多——在这一含义上讲，游击战是"非法"的战争形式。

由于不择手段，游击战的如此战法使得战争形式越来越残酷。在战争中，敌方架起机关枪、部署大炮摆阵势，我方却搞偷袭，而且打了就跑——尤其是，由于游击队员与平民很难区分开来，敌人也就变得更为残酷，比如对一个出现游击队的村庄施行灭绝性的"三光政策"。

然而，游击队非正规（不合法）的作战方式就表明游击战是不义的吗？正规地打仗就等于是在打正当的战争？日本人以正规军入侵中国，正规地作战，就是正当的战争？——这样的逻辑当然荒唐。手段合法，绝不等于行为正当。

施米特试图从法哲学的角度来质疑这种差异：正规地作战为什么就是合法的，不正规地作战（游击）为什么就是非法的？这个问题背后要问的是，现代的"合法"正规战是不是有正当性的战争？是不是有正当法理依据的战争？游击队是非法的，没错，但它非的是什么"法（律）"？由此施米特突出了一个他一向强调的非常根本的问题，什么是"法（律）"？法（律）从来就是人为设立的，法的性质可以说带有历史性和国家性。现代的好些"国际法"往往是强权国家为了自己的利益订立的规矩，游击队的非"法"非的是强权国家的强盗之法，没有"合法性"却有正当性——反抗强权，从而，游击战与正规战的对立，无异于"正当性"与"合法性"的对立。

游击队的战法太残酷——谁"最先"残酷？还有什么比随意闯入、霸占别人家园更为残酷？现代战争的突出表现是现代性的步伐——殖民战争或者说"歧视性战争"(何谓"歧视性战争",看看电视纪录片《浴血会战》就清楚了),施米特正确地看到,游击战与殖民战争的关系最为紧密。质疑现代正规战争的正当性,无异于质疑现代化的正当性。日本人当年侵略中国就以现代化为理由,说是要把中国从西方的压迫下解放出来,然后给我们带来一个现代化的世界——在如此侵略战争背后有一个现代化的"正当性"(日本帝国当年在自以为可以永久占领的我国部分地区比如台湾和东北,搞了不少现代化建设,如修铁路、公路,照东京帝国大学的模子建台湾大学等等,用今天的话说"搞基础建设")。现代化变成了一个侵略性的正当理由,在背后支撑着强势国家的侵略行为,似乎以现代化为理由,就可以搞入侵。如今,这个问题仍然有现实性:即便以"现代性""民主化"为理由,是否就可以凭此取消别人的国格——"国家主权"?无论日本人当年在台湾搞了多少现代化的"基础建设",都以歧视中国的国家"人格"为前提。

由此来看,游击战与正规战的对立,是两种"正当性"的对立——如果说,正规战的"合法性"背靠的是现代化"进步"这样的"正当性"理据,那么,游击战的"不合法性"所依据的正当性理据是什么呢?

要搞清这个问题,就得进一步来看,游击队是什么性质的军事组织。

2. 游击队员的政治品质

军队古已有之,但在施米特看来,历史上的军队都不是现代意义上的正规军（国家军队），差异在于，古代的政治形式与现代的政治形式在品质上相当不同——同样，历史上有土匪，但土匪不是游击队。为什么游击队不是土匪？同样由于两者的政治含义不同。如果说正规军的政治含义首先在于现代技术理性，游击队具有的高度政治性又是什么含义呢？无论如何，施米特在辨识现代正规军与游击队的差异时，首要关注的并非其单纯的军事性质，而是其政治性质。

从而，正规军与游击队的对抗，无异于两种政治性的对抗——然而，什么叫政治性？

按施米特的说法，游击战最早出现在西班牙。当时，拿破仑指挥他的"正规"大军逐一横扫欧洲，西班牙的正规军被打败以后，拿破仑以为没事了，却又遇到西班牙人民自发组织起来的兵勇的零星抵抗，这是正规的有组织的现代化军队第一次遭遇游击队形式的军事抵抗。因此，西班牙是游击战最早的发源地——有意思的是，施米特在描述西班牙游击战时，用了与毛泽东"星星之火，可以燎原"差不多的说法（不清楚施米特为文前是否读过毛泽东的《星星之火，可以燎原》[1930年1月]，原题为《时局估量和红军行动》)：

> 一颗火花当时从西班牙迸发出来，溅向北方，在那里并没有点燃曾赋予西班牙游击队以世界历史意义的一场大火。但这颗火星在北方引发了一种效应，其影响在今天——二十世纪下半叶，仍在改变着地球和在其上生存的人类的面貌。（《政治的概念》，271页）

西班牙的游击战不成规模，第一次成规模的游击战出现在俄国，而第一部反映游击战的经典文学作品就是托尔斯泰的《战争与和平》。在《战争与和平》中，托尔斯泰记载了俄国的游击队如何抵抗拿破仑的正规军。施米特用了这样一段话来描述托尔斯泰的《战争与和平》：

> 托尔斯泰将1812年的俄国游击队升华为俄罗斯大地自然力量的代表（［引者按］"代表"是施米特十分看重的一个法学概念）——俄罗斯大地抖落盖世皇帝拿破仑及其声名显赫的军队，就像抖落身上可憎的害人虫。在托尔斯泰笔下，无知的、目不识丁的农民不仅比所有战略家更强大、更富有智慧，甚至比成了历史事变手中的傀儡的伟大统帅拿破仑本人还要有才智。（《政治的概念》，275页）

游击队出身于农民，农民坚守自己的土地，抵抗现代化敌人的入侵——游击队与正规军的战争，有如传统农民与现代技术人的战争。由农民的自发反抗形成的游击队，不是散兵游勇，而是反现代性的政治代表。不过，这仅是游击队的原初形式，"正规"的游击队不是农民的自发反抗组织，而是现代知识人——职业革命家的组织。换言之，真正的游击队是在一种现代"理论"的基础上建立起来的，这种理论可以名之为"游击队理论"——既然称之为"理论"，就当有"理论文献"。在施米特看来，游击队理论的形成和发展经历了三个历史发展阶段，因此，我们也就当注意三个阶段的游击队理论"文献"。

游击队理论的第一个阶段是十九世纪初期普鲁士王国在抵抗拿破仑时发出的王室诏令：

1813年4月,普鲁士王室诏令,每个公民都有义务用各种武器抵抗入侵之敌——特别推荐斧头、干草叉、镰刀和霰弹枪。每个普鲁士人都有义务不听从敌人的任何指令,而是以各种可能利用的手段破坏它。
(《政治的概念》,296页)

在普鲁士王国实际上并没有出现游击战,但却有了这样的为游击队"理论"的形成作出重大贡献的历史文献——其重要性在于,它预示了游击战的基本性质:全民动员、全民皆兵、不择手段地抗击外敌,甚至不惜破坏本土原有的秩序……但并不具有普世性的目的。此外,重要的是,普鲁士王国当时出现的种种游击战动向,受到几个普鲁士年轻军官的注意——克劳塞维茨已经注意到"全民战争"形式的游击战,从而才在《战争论》中从政治性的角度来看待现代战争。尽管如此,克劳塞维茨并没有提出一种"游击队理论",在施米特看来,这是由于普鲁士的年轻将军们被正规的现代性理论障住了眼睛。

与普鲁士王国相反,俄国在抵抗拿破仑时出现了游击队,却没有出现相应的理论"文献"——施米特说,就游击队理论而言,列宁的建党学说才是游击队理论的重要阶段(文本是列宁的一些建党文章,比如说《怎么办》),其理论特色是:马克思的历史哲学与德国的现代战争理论(以克劳塞维茨的《战争论》为代表)的结合。

列宁主张以游击队的形式来组建一个革命政党,以游击的、不"合法"的方式来对付"合法的"资本主义制度。因此,列宁的游击队理论其实是一种政党理论,并非真正的游击队理论——不仅如此,这一理论具有很强的现代意识形态性质:列宁的党这支作为职业革命家的"游击队"的宗旨服务于一个终极的革命目的(实现全人类的共产主义)。这样一来,早期抵抗拿破仑的自发的俄国农民游击队在性质上就发生了重大质变——这意味着游击队员的政治品质发生了质变、游击战的正当性依据发生了质变:从保卫乡土转变为超逾本土的意识形态(普世化的现代性理念)。随之而来的政治策略变化是:本来,保卫乡土的农民游击队只有"实际的敌人"——谁侵犯我们的家园,谁就是我们的敌人,在列宁的游击队理论那里,则出现了"绝对的敌人"——资本主义。

毛泽东的游击战思想是游击队理论发展的第三个阶段——在施米特眼中,也是游击队理论真正完善的阶段:实践与理论相结合的阶段——以前要么有自发的实践但没有理论(抵抗拿破仑的俄国游击队),要么有理论,却没有真正的实践(列宁的党并未展开真正的游击战)。由此可以理解,上个世纪六十年代,游击战在越南、阿尔及利亚以及整个东南亚抵抗外来侵略的战争中取得辉煌成就,都与毛泽东的游击战思想分不开。

毛泽东的游击队理论是怎样一个实践与理论相结合?

施米特没有讨论这样的问题,在他的问题视野中,关注的毋宁说倒是两种游击队员政治品质的结合:普鲁士王国和托尔斯泰笔下的俄国游击队体现的乡土性与列宁的游击队理论中的普世性这一启蒙哲学因素的结合——换言之,仅有"乡土性",还不能形成强有力的政治力量,游击队员的真正政治品质来自"民族感情与〔某种〕哲学教养的融合"。因此,在这里,列宁的游击队理论作为一种理论资源的意义不可低估。更值得注意的是,通过列宁、克劳塞维茨、黑格尔、费希特,这种"哲学教养"的思想史线索上溯到了马基雅维里(参见《政治的概念》,297页)。

游击队员不是土匪,土匪可能有乡土性,但肯定没有"哲学教养",从而没有信念;另一方面,游击队员也不是单纯的职业革命家,因为后者仅有某种"哲学教养",却没有"乡土性"——毛泽东与留苏派的冲突可以为施米特的看法提供历史的证明。游击队员为了信念、为了革命事业而献身历史,可以在全家被杀害的情况下继续革命,遑论自己的生命,不像土匪那样可以被收买(在土匪那里就没有所谓"叛变"的问题)。政治品格凭靠的是政治信念,但施米特把列宁和毛泽东的游击队理论区别开来,依据的是不同的理念:乡土理念抑或普世性的"主义"理念。在施米特看来,倘若游击队像俄国共产党那样,其理念靠在某种历史哲学的普世性理念上面(解放全人类),游击队就变质了——只有守住乡土性,游击队才能保持自身的政治品质。

可是,"乡土性"这一理念可能成为一个很高的精神理念或政治品质吗?

在施米特看来似乎是可能的:守护乡土性、对抗技术性,意味着抵抗现代技术理念的侵略——说到底就是抵抗现代性的蔓延。为什么抵抗技术化的进步就具有了道义上的正当性?在施米特看来,乡土性对抗技术性,无异于对抗现代性对人类生活品质的败坏!施米特所说的游击队的正当性,就在于守护自己本乡本土的生活方式:游击队捍卫的仅是自己的传统生活方式,不让外人破坏。这样一来,"乡土性"理念就获得了很高的道义性质——施米特在书中说过一句颇有诗意的名言:

> 游击队员始终意味着一块真实的土地；他是在尚未被完全破坏的世界史原质的大地上坚守最后岗位的战士。(《政治的概念》，316页)

这就引出了一个问题：毛泽东的游击队理论在性质上究竟是乡土性的还是普世性的？

3. 本土性与普世性的牵缠

毛泽东游击队理论的特色是什么呢？是作为现代知识人的职业革命家与农民（土地性）的结合。施米特有理由更看重毛泽东而非列宁的游击队理论，因为，与列宁的游击队理论不同，毛泽东的游击队理论着眼于乡土性，而乡土性或者说"依托乡土"，才是游击队的真正政治本色——据施米特说，俄国共产党与中国共产党的根本差别就在于，一个植根于城市，一个植根于乡土。

> 在涉及游击战时，毛泽东还有一个具体的因素使他比列宁更接近事物最深层的内核，获得最大限度地完成其思想的可能性，一言以蔽之，毛泽东的革命比列宁的革命更植根于本土。与1917年11月列宁领导的在俄国夺得政权的布尔什维克前卫们相比，中国共产党人有很大的不同（[引者按]这很像我们自己的语言），后者历经了二十多年的战争，直到1949年才控制中国。差别不仅表现在中国共产党人内在的群体结构

（［引者按］什么样的结构？农民与知识人的结合，而俄国共产党则一直保持所谓知识人精英结构），而且表现在共产党人与所控制的国土和人民的关系。鉴于受依托乡土的游击战所规定的巨大现实，关于毛泽东宣传的是否是真正的马克思主义或列宁主义的意识形态辩论，几乎是次要问题，正如古代中国哲人是否表达过与毛泽东类似的见解的论辩是次要问题一样。（《政治的概念》，306页）

在施米特眼里，毛泽东领导的游击革命更多表达的是"乡土性"，中国共产党的根基在于"保卫乡土"，而非"解放全人类"，这才是问题的要害——因此，施米特说，毛泽东的中国共产党才是真正的游击队员：

> 这是一群具体的、经游击战洗礼的"红色精英"。……所以，从出身看，也许像来自彼得堡和莫斯科的俄国布尔什维克一样，中国共产党人是城市无产者。但是当掌握政权之时，中国共产党人便带着经受过沉重挫折的深刻经验和组织能力及其原则转移到农村环境，在那里以崭新的、不曾预见的方式发展。这是苏俄和中国共产党人之间"意识形态"差异最深层的起因之所在。（《政治的概念》，307页）

施米特的这些论断是在四十多年前写下的，看起来却与我们党对中国的现代化以及中国革命经历的自我评价相当一致——这当然是巧合……但如此巧合不发人深省吗？施米特在考察游击队理论时始终抓住一个要点："乡土性"

才是游击队的真正政治品质！施米特不像我一样，是听《游击队歌》长大的，不然的话，他一定会引用其中的一句歌词：

> 我们生长在这里，每一寸土地都是我们自己的；谁要把它抢占去，我们就和他拼到底。

可是，从游击队理论的发展来看，其超强的政治品质恰恰首先得自于一种相当现代性的普世理念，而非带有民族性的"乡土"理念——中国共产党的建党理念很大程度上来自马克思、列宁的相关思想。据日军统帅部的战时总结记载：在对华作战中被俘的中国军人里，共产党军队的被俘人员远远低于国民党军队——为什么呢？因为共产党军队有超强的信念，宁可战死也不被俘。当然，国民党军队中也有这样的人，说明"保卫乡土"的确可以成为一种强有力的信念，但共产党军队的超强战斗力，的确又因为这支军队并非仅仅有"保卫乡土"的信念。再说，毛泽东的红军一开始就是作为正规军来建设的，游击战反倒是一种作战手段，以至于游击战究竟具有的是战略意义还是战术意义，本身就是一个有争议的问题。何况，施米特也并非没有注意到，毛泽东倡导的游击战，在一开始并非首先针对的是外来入侵者，而是针对中国现代化的其他选择——毛泽东的游击战首先是在内战结构中出现的；即便是在抗击日本人时，毛泽东的游击队理论也带有普世的终极目的，如施米特看到的那样：

> 毛泽东的环境本身也有一个内在矛盾，这个矛盾

将一个无空间限制的全球共同的绝对的世界敌人——马克思主义的阶级敌人与一个可划分地域的、中国和亚洲在抗击资本主义的殖民主义时的实际敌人结合起来。(《政治的概念》,307 页)

毛泽东领导的中国抗日游击战本身带有含混性:一方面有一个"实际的敌人"——日本人,甚至国民党反动派;另一方面,由于共产党游击队是靠马克思、列宁主义武装起来的,这个组织还有一个"绝对的敌人"。本来,真正的游击斗争没有"绝对敌人",只有"实际敌人"——今天是敌人,明天只要你不再与我为敌,咱们就是朋友。尽管毛泽东在实际的政治斗争中非常善于掌握谁是"实际的敌人"(人们还在高呼打倒美帝国主义的时候,毛泽东已经在中南海与尼克松握手),但消灭"绝对的敌人"毕竟是其宏远理想(也许"文革"理念就源出于此)。

在毛泽东的游击队理论中,两种"敌人"的概念突然被施米特用来说明他自己的"新的大地法"这一提法:

> 这是一个一体世界(One World)——即一个地球、一个人类与一个在其自身和相互间理性地达致平衡的多数大空间(Grooβerä)的对立。毛泽东在一首题为《昆仑》的词里表达了对一个新的大地法(Nomos der Erde)的多元论观念,其中说:"安得倚天抽宝剑,把汝裁为三截?一截遗欧,一截赠美,一截还东国。太平世界,环球同此凉热。"(《政治的概念》,307-308 页)

我们都能背诵这句了不起的词句——了不起首先在于，毛泽东写下这首词的时候，他所领导的游击战法的红军正处于极度危难之境，在这样的时候，毛泽东还在发"世界大同"之梦，其英雄眼界真可谓无与伦比：在那样的时刻，还能够想到我们中国未来在世界当处于什么位置。

不过，施米特引用这句词的结尾几句很可能是在耍滑头——我们很难充分把握施米特在这里要表达的实际含义。

"把汝裁为三截"什么意思？——相当明显的是，"汝"这里指整个世界，而非指"中国"（不然的话，"中国"就被瓜分了，这显然是荒谬的），从而这意味着，毛泽东已经能够从全球性的视野、从新的（现代性）世界格局来看"中国问题"，而非中国就是天下的"中心"这一传统视野——现代性处境是这位大立法者看待中国问题的出发点，既然如此，施米特所谓的"乡土性"理念在哪里落脚？

"一截遗欧"指欧洲，"一截赠美"指美国（毛泽东很早便看到美国对于现代性世界的重大意义），"一截还东国"应该指咱们中国（用今天的话说，便是欧盟、美国和中国三分天下）——应该说，这里表达的恰是青年毛泽东在成长时代就树立起来的理想：时值新的世界列强相互激烈争斗、瓜分世界地盘的新时代，而他要为之奋斗的目标是，为中国在未来的世界格局中争得自己应有的位置。然而，这也未尝不可视为毛泽东对现代之后的世界格局的预见：今后的世界将是三分天下——如果与后来提出的"三个世界"的理论作一对比，让人觉得有前后呼应的感觉。

这不是一种普世性的构想吗？

不过，在施米特看来，"把汝裁为三截"的含义要深远得多，绝非仅仅涉及今后世界的三分天下格局。如果说，

"一体世界"是个现代性的普世构想,"把汝裁为三截"无异于腰斩了这一普世理念,以一个多元分割的"大空间"理念取而代之——由此可以理解,为什么施米特说:毛泽东的词《昆仑》宏远地"表达了对一个新的大地法(Nomos der Erde)的多元论观念"。说得更明确些,无论红军如何正规军化,中国共产党的理念本质上是"依托乡土"的,其现代性的政治使命在于:守护中国本土的生活方式(Nomos)。施米特喜欢讲,"法"(nomos)这个词的古希腊文词源含义是"占取—分割[一块土地]—养育[人民]",就像喂养羊群(我国古人所谓"牧民"),这是"法"的基础——换言之,"法"是一种生活方式(不像我们如今一般理解的那样),"法"的根本属性是守护一个政治共同体的自然天性以及贴近大地的生活方式,这在古希腊、古罗马和古代中国都如此。

问题是,接下来毛泽东还写道:"太平世界,环球同此凉热。"对此施米特没有作出解释,好像他仅仅需要解释对他有用的东西。

既然这看来是毛泽东心目中的全球性新世界景观,那么,最终是怎样的世界景观?换个问法:"太平世界,环球同此凉热"是什么想象?像不像是康德的"永久和平"理想?要说是的话,这一远大理想来自霍布斯——从霍布斯到康德,"永久和平"的远大理想已然成为"自由主义"的要核。倘若如此,毛泽东的世界性理念本质上岂不是自由主义的?

这并非不可思议,因为,自由主义乃现代性的主导性意识形态,马克思本人就是在这种现代性思想背景下发展出自己的远大理想的。问题在于:"太平世界"的终极理想的普世性与"把汝裁为三截"的多元分割的"大空间"理念相矛盾。自由主义意识形态的原始观点之一是：人类世界最终会走向消灭所有政治冲突的状态，到那时，"永久和平"将成为现实——可我们记得，施米特在《政治的概念》中提出的基本问题是：政治状态消灭得了吗？无论如何，通过这一点可以看到，毛泽东的游击队理论实际上带有一个广阔的"后现代"政治意识的背景。

可是，毛泽东是个"自由主义者"？——这样的说法无论如何让人难以接受！其实，自由主义在西方是一种更为古老的观念，起初是极少数哲人拥有的：比如，古希腊的古典时代后期的伊壁鸠鲁派哲人团体的 Minicity——即便不提霍布斯与伊壁鸠鲁的关系，青年马克思本人也与伊壁鸠鲁派有直接关系。但问题在于，毛泽东肯定没有时间下功夫去了解马克思主义在西方思想史上的来龙去脉以及与自由主义的内在关联，倒是不时拿出宝贵的时间来了解中国传统智慧的来龙去脉——好些共产党人一直在读中国的经史书：毛泽东见到杨尚昆带在身边经常读的《二十四史》写满了眉批，高兴得很，马上用自己的一套《二十四史》善本与他交换（今存重庆市图书馆"杨尚昆赠书室"）。由此来看，"太平世界，环球同此凉热"就并非是通过马克思主义接通的自由主义线索，倒有可能是通过中国传统智慧接通的某个古老的中国思想线索。

当然，话说回来，施米特关注的是自己的问题，也就是说，关注的是欧洲的现代性"大法"［Nomos］何以可行，毛泽东的游击队理论及中国的现代性问题，仅仅是他的论题的一个局部。在讨论游击队理论的欧洲背景时，施米特并非没有注意到欧洲的传统宗教背景——指责他没有着力去了解毛泽东游击队理论带有的"乡土"理念所具有的儒教传统资源,没有必要,因为这是我们自己的事情,不是施米特的事情。

4. 反现代的现代政治人

在《游击队理论》中,施米特并没有大肆颂扬"游击队",似乎成了一个游击队政治伦理的鼓吹者,而是通过剖析游击队理论展示现代性政治的基本问题,因而,在施米特的论析中,他同样看到游击队理论自身的吊诡。事实上,《游击队理论》一书涉及的问题面相当广泛,既然我在这里关注的是我们自身的问题,施米特所涉及的其他问题就可以不去涉及,仅结合施米特提到的游击队现象自身的几个主要吊诡来进一步看看中国的现代性问题。

首先是乡土品质与技术理性的吊诡:游击队的政治使命基于反抗技术化文明,但在现代化过程中,为了有效战胜敌人,游击队员不得不使用敌方所使用的技术手段,于是,游击队也难免向技术理性化方面发展,以至最终损害自身的政治品质——这意味着,游击队在自身的发展过程中包含着自我否定的内在因素:技术理性化了的游击队还葆有自己的"乡土性"政治品质吗?

严格讲这不是一个外在问题(装备和手段,比如也用无线电台之类),而是一个内在问题:游击队是反抗现代性的,它自身是不是也沾染了现代性的病菌?再进一步看,游击队有可能是为了"保卫乡土"而起来的,也有可能是为了使得"本乡本土"实现技术理性的现代化而起来的——说到底，中国的游击队理论是否如施米特所说的那样，是纯粹"依托乡土"品质，这一点对于施米特勾勒的游击队理论来说，是一个不容易回答的问题——可是，我们不是要期待施米特的回答，而是从施米特的问题看到我们自己应该回答的问题：在现代性政治处境中如何重建中国的"大法"？"乡土性"理念是否足以支撑这样的"大法"？

第二个重要的吊诡在于：抵抗外来入侵时，游击队理论采用全民皆兵、全面动员本土力量的战略，这必然全面"解构"传统的乡土结构，而守护"本土"结构的独特性本来是游击队的政治使命。这里我们可以看到游击队理论的一个非常大的内在矛盾。搞政治学的人都清楚，中国历史上没有哪个朝代对中国社会基层结构的触动有我们这个世纪这么大——没有哪个朝代能像现代的游击队（尤其武工队〔武装工作队〕）那样，把支部建立到村庄中去。传统的统治结构从皇帝到县官为止，下面则是乡绅阶层在治理。传统的乡土结构被破坏后，游击队员能否重建一个稳妥的基层秩序结构就成了一大问题——"保卫乡土"与其说是游击队理论的起源问题，不如说是它的后续问题。

倘若游击队员始终保持自己的政治品质（信念），应该没问题，但倘若游击队员的理念也变得"技术理性化"，麻烦就大了。

游击队现象是一个现代性的政治问题，而非单纯的军事问题。施米特这篇精彩论著写得非常好看，恣肆汪洋，但在我看来，施米特关注的真正重点不在游击战这一现代战争类型，而在游击队员这一现代政治人类型：游击队员是一种新型的现代的政治人，他们最先是些文人——施米特特别提到，卢梭是欧洲思想史上的第一个游击队员，绝非偶然。从而，游击队员理论的根本性吊诡就在于这种新型政治人自身的矛盾：既反现代又非常现代。

列宁从哪里得知游击战法？从普鲁士将军克劳塞维茨的《战争论》得知。我们知道，《战争论》是一部现代战争哲学的经典名著，其中已经注意到随现代正规战出现的游击战。然而，克劳塞维茨注意到的东西甚至没有引起克劳塞维茨本人的注意，反倒引起了列宁的关注。不过，施米特提出，更值得注意的是克劳塞维茨与德意志古典哲学（从康德、费希特到黑格尔）的关系，换言之，施米特强调列宁与克劳塞维茨的关系，意在理清乡土性的游击队员与普世理念性的历史哲学的内在关系——施米特大胆地推论，毛泽东的游击队理论也与克劳塞维茨的现代战争哲学有瓜葛：

> 事实上，[毛泽东的游击战论]连贯而系统地自觉延续了普鲁士总参谋部军官的概念。只不过，拿破仑一世的同时代人克劳塞维茨还不可能料到今天对于共产党中国人的革命战争成为理所当然的那种全面程度。……众所周知，"全民皆兵"也是组织抵抗拿破仑的战争的普鲁士总参谋部职业军官们的用语。克劳塞维茨便属于这些军官之列。我们看到，当时正规军接纳了某一特定的有教养阶层的强大的民族力量。（《政治的概念》，305 – 306页）

"某一特定有教养阶层的强大的民族力量"——说得精彩！在我们中国的现代历史中，谁要掌握乾坤，谁就得掌握或吸纳"强大的民族力量"，而且的确有一个"特定的有教养阶层"掌握、吸纳了"强大的民族力量",从而取得了历史的胜利。然而,这是哪一"特定的有教养阶层"?他们受过的是什么样的"教养"?

施米特把毛泽东的游击队理论最终溯源到启蒙运动后的德国历史哲学(据说,《战争论》早在黄埔军校时期就已经翻译出来作为教材,译者就是叶剑英元帅当年在黄埔的同事)。不过,历史的考索在这里没有多大意义,因为问题属于思想史范畴。也就是说,重要的是问,施米特把游击队理论发展的这条线索串起来是什么意思。

意思可能是说,真正的游击队员是现代的某类"特定"知识人(有教养阶层),是职业革命家,而非其他什么新型现代人——如果说,卢梭被施米特视为第一个"游击队员",那么,所谓游击队员的真正政治品质便在于:痛恨唯利是图的资产者。由此看来,游击队员"依托乡土"的性质所凸显的游击队员的政治品质,已经内在地包含某种现代性的普世理念:反资本主义、反技术理性,因为,资本主义已经成为普世理念。

第一代中国共产党人是在各种救国"主义"的论争中产生出来的,从而,民族情怀("保卫乡土")仅仅是如此政治品质的动力性要素之一;换言之,立志"救国"的年轻人在世纪之初并非都成了共产党人,反过来说才恰当:在立志"救国"的年轻人中,有一些"有教养"的青年经过反复比较、思考,终于找到了自己觉得真正可以"救国"的良方——反对资本主义世界、解放劳苦大众。中国共产党人的第二代新生的"有教养阶层"主要来自抗日战争初期的青年学生,这批新生力量的政治情怀更多是为了救国,而非为了献身于反资本主义、解放劳苦大众的理念。真正延续中国第一代游击队员的政治品质的新生力量,兴许是五六十年代的青年学生(他们大多经历了"文革"时代的洗礼)。无论如何,"依托乡土"的政治品质所内含的反资本主义和解放劳苦大众的理念,规定了真正的游击队员的政治品质——因此,在后现代处境中,游击队员能否保持自身的政治品质,或者说如何澄清、化解自身非常现代地反现代这一内在矛盾,看来是中国现代性问题的关键所在。

反资本主义和解放劳苦大众是非常现代的诉求,"依托乡土"本质上是非常反现代的诉求,明显的是,前一个诉求为游击队员提供了远比"依托乡土"更为超强的精神信念。但是,在施米特看来,游击队品质的正当性在于:面对普遍的技术理性和西化民主政制,为自身的民族传统生活方式辩护。一个民族的中坚力量总是某个"有教养阶层",他们在面临现代化时必须申辩属己的传统大法的正当性——倘若如此,"依托乡土"与反资本主义的热情的内在融合,仍然将是游击队员的政治品质;丧失了这一基本品质,游击队员还能掌握或吸纳"强大的民族力量"吗?

《王制》与大立法者之德

献给冯达文先生六十四岁生日暨从教四十周年

整整一百一十年了：康有为将《王制》从《礼记》中取出来，考订、作注，然后单刻。那个时候，离戊戌事发不过仅仅几年耳。

在为经考订后单刻的《王制》所写的《考订王制经文序》(1894)[①]中，康子一上来就说：

> 《礼记·王制篇》，大理物博，恢恢乎经纬天人之书。其本末兼该，条理有序，尤传记之所无也。

清朝数代学人整理经籍，到康有为的时候已成就斐然，仅就校勘《礼记》而言，孙希旦《礼记集解》、朱彬《礼

---

① 今见《康有为全集》卷二，上海人民出版社，1990。

记训纂》均为诚品。在晚清时局的忐忑中，康子忙得不行，为何还要花时间与门人一起来考订《王制》？

在儒家典籍中，《礼记》古来属"传"，与属"经"的《仪礼》相配，但《礼记》的地位一直颇为独特，与《论语》《孟子》的关系颇为复杂。唐宋时期，经韩愈、李翱倡导，程颢、程颐推动，《礼记》中的《大学》《中庸》两篇被提升出来独立成篇，获得了所谓"小经"地位。因此，即便是康有为刻意要把《王制》从《礼记》中提升出来，也算不得什么"原创"之举，没有必要就此来番考索或讨伐——问题在于需要理解，康子这样做究竟有什么"意图"。

不妨先回想一下唐宋时期：当时那些头脑非常聪明的人为何偏偏要把《大学》和《中庸》这两篇从看似编得杂乱无章的《小戴礼记》中提取出来作为"教士"的要籍呢？为什么没有把比如说《王制》或《礼运》提取出来？

据现代学人写的史书说，盛唐一代，佛学盛行，大汉时期奠定的华夏帝国的文明政制明显受到侵蚀——陈寅恪在其隋唐政制史研究中说到佛教时，刻意强调佛教背后的异族政制渊源，称"释迦部族"为"共和国"[1]——"共和

---

[1] 陈寅恪，《〈莲花色尼出家因缘〉跋》：
佛法之入中国，其教义中实有与此土社会组织及传统观念相冲突者，如东晋至初唐二百数十年间，"沙门不应拜俗"及"沙门不敬王者"等说见于彦悰六卷之书者。唐彦悰《集沙门不应拜俗义》皆以委婉之词否认此土君臣父子二伦之议论，然降于当世，国家颁布之法典，即有沙门应拜俗之条文（见薛允升《唐明律合编》卷九及清律卷十七《礼律仪制僧道拜父母条》）。僧徒改订之规律，如禅宗重修之《百丈清规》，其首次二篇，乃颂祷崇奉君主之《祝厘章》及《报恩章》，供养佛祖之《报恩章》转居在后。夫僧徒戒本本从释伽部族共和国之法制蜕蝉而来，今竟数典忘祖，轻重倒置，至於斯极。橘迁地而变枳，吾民族同化力可谓大矣。

国"明显是个西方政制的语汇，而且听起来颇有法国大革命后的"现代"色彩，陈大师何以会以此用来指称一个古老的东方部族？晃眼一看，我们兴许会以为大师搞错了，或者在耍文笔。可是，大师怎么会搞错？突出佛教的政治制度渊源，并称其为"共和国"，也许透露出陈寅恪致力研究隋唐政治制度的用心（或苦心）：中华文明制度在面临西洋政制的冲击时是否能够延续——这种焦虑或关怀促使大师要去搞清楚当年佛教入华时，中华帝国是如何适应或化解自己的制度危机的。

对《大学》《中庸》在唐宋时期地位提升的原因，康有为想必心里有底。《考订王制经文序》说：

> 孔子作《春秋》而改制，自孟子至汉儒无异说。及《公》《穀》微，师法沦斁，老、佛盛行，孔学衰息，学术晦杂，治道废塞，生民不被其泽，耗矣衰哉！

既然关怀的是政制，为何标举《大学》《中庸》，而非《礼运》《王制》？

也许，佛教毕竟不是一种赤裸裸的政制形式，佛陀拐走的首先是人们的"灵魂"（心性）。所以，需要从端正教育入手，进而端正心性。没疑问的是，即便推崇《中庸》，二程最终关切的仍然是制度——程颐有言：

> 先识得个义理，方可看《春秋》。《春秋》以何为准？无如《中庸》。（《二程集》，中华书局，1981，164页）

《春秋》是讲制度的经，但要明乎《春秋》，得先搞通心性问题，不然的话，就可能在制度问题上有所迷失。由于佛老的影响，《中庸》已然难解，或者其实学人读《中庸》已经喜好依佛老之法来读——就像我们今天有人读《中庸》喜好依西方的人本心理学或宗教哲学来读，从而就有必要为学子们指明进入《中庸》的门径。于是，有了表彰《大学》之举——同样是程颐说：

> 《大学》，孔子之遗言也。学者由是而学，则不迷于入德之门也。（《二程集》，前揭，1204页）

康子把《王制》从《礼记》中提取出来单独成篇，很可能是有意接续宋儒：

> 《王制》之法，经世条备。其博大弘深，首尾毕举，则一也。宋儒精于义理，独拔出《大学》以教士，而《王制》尚杂《戴记》中，又多错简，或记注杂出。

这话看起来像在责怪宋儒没把《王制》提取出来，但康子恐怕并非不明白，宋儒"精于义理"的用心最终在于制度关怀。问题在于，康子深切感到，由于西洋文明制度的冲击，如今，仅靠明乎"义理"的教育方略来维系学子的制度意识，已然不敷用了。因此，改变"《王制》尚杂《戴记》中"的状况，刻不容缓，毕竟，中华帝国如今面临的不是拐人心性的"教"，而是可以让"帝国"兴衰的西洋新"制度"——所以，康子在序文中特别指出，考订、单刻《王制》：

> 使孔子经世之学，一旦复明于天下，俾后世言制度者，有所折衷，考礼者有所依据，不复聚讼。(《考订王制经文序》)

戊戌事变以后，人们原以为，帝国的现代化"改革"会大为倒退，没想到，清廷与"国际接轨"的迈进步伐让人侧目。1907年2月，晚清经学大师、教育家皮锡瑞的《经学通论》成书，同年六月，《王制笺》定稿；第二年，清廷便宣布废除了年逾千祀的科举制度，同年，时任湖南高等学堂讲席的皮锡瑞与世长辞，享年仅59岁。①

皮锡瑞给《王制》作笺之前，除康有为同其门人作的《王制》考订外，俞正燮《王制东田名制解义》、廖平《王制订》等均已面世，为何皮锡瑞还要作《王制笺》？

甲午战败后，皮锡瑞在日记中记到，自己甚至在睡梦中都还在与人说制度变革的事情（"梦与人谈西法，谓泰西诸事尽善"；见《师伏堂日记》，引自吴仰湘前揭书，114页）。也许可以说，与康子考订和单刻《王制》一样，皮锡瑞的临终之作《王制笺》同样出于对中华文明制度传承的关怀，其提升《王制》位置的举动，可比宋儒提升《大学》《中庸》。

《王制》从天子讲到庶人，从爵制讲到学制、刑制，简直有如一部古 Nomoi：一上来便给天子、诸侯两族定了各种规矩，然后规定我们如今所谓"市民社会"的宪政管理

---

① 参见吴仰湘，《通经致用一代师：皮锡瑞生平和思想研究》，长沙：岳麓书社，2002，336页。

——司空管地政事务（土地配给和划拨），司徒管教育（《诗》《书》《礼》《乐》为基本教材）和民政事务，司马管行政事务，司寇负责法律事务（"正刑明辟，以听狱讼"）——甚至连交通规则也具以明文（"道路，男子由右，妇人由左，车从中央。父之齿随行，兄之齿雁行，朋友不相逾"）。

我们经常听现代学人说，中国传统不重法律，可在《王制》中我们看到，对法制的规定不仅说得较多，而且颇严：凡断章取义曲解法律、变乱旧名更改法度、持邪门歪道搅乱国家秩序者，格杀勿论；凡制作不健康音乐、穿奇装异服、搞邪门玩意儿蛊惑民心者，格杀勿论；文章虽然写得漂亮但言辞虚伪、心术不正之人，甚至学识虽然显得渊博却学非正道者，统统得判死刑（"析言破律，乱名改作，执左道以乱政，杀。作淫声、异服、奇技、奇器以疑众，杀。行伪而坚，言伪而辩，学非而博，顺非而泽以疑众，杀"）——比起如今的立法者来，显得有正气多了。

《王制》确乎"恢恢乎经纬天人之书"。但作者究竟是谁，竟能下笔如此大器之作？

在"自序"中，皮鹿门没有再讲将《王制》从《礼记》中提取出来单独笺注的重要性——这问题明显已没必要再多说，而是提出另一重要问题来谈：《王制》的作者是谁？毕竟，"以《王制》为汉博士作，则抑之太甚"。

康子标举《王制》时，仍然认为《王制》是"七十子之说"（"《礼记》义理博大，皆七十子之说，孔子之微言大义多存焉"）。也就是说，《王制》是孔门后学所作，这一说法是好些前人和时人所认可的——但皮鹿门提出，《王制》是孔子遗作。

经史大师杨向奎说："《王制》为廖平及皮锡瑞所重

视,而康有为主《礼运》,皮氏之《王制笺》颇有精义。"什么"精义"?杨向奎先生举出了一段"精彩的考据"。① 可是,《王制笺》仅仅考据"精彩"?

的确,《王制笺》"自序"就是一篇"精彩的考据",但考的目的是要确认《王制》的作者。经"精彩的考据",皮锡瑞断定,《王制》为孔子遗书,并引俞樾说来佐证:

>《周礼》《王制》皆详制度,用其书皆可治天下。《周礼》详悉,《王制》简明,《周礼》难行而多弊,《王制》易行而少弊。王莽、苏绰、王安石强行《周礼》,未有行《王制》者,盖以《周礼》出周公而信用之,《王制》出汉博士而不信用之耳。今据俞樾说《王制》为素王所定之制,疏通证明其义,有举而措之者,知王道之易易,岂同于郢书治国乎?

考证的基本要点其实是:《周礼》和《王制》都讲制度,但《王制》所讲的制度与《周礼》所讲的制度要有不同,多有损益,以至于可以说,《王制》所讲的制度是"新制",有别于《周礼》所讲的旧制。在作笺中,皮锡瑞再次点明:

>前人皆不知《王制》是孔子新制,与《孟子》言周室旧制不必尽同,故此《孟子》所言递降一等。《孟子》言天子之卿受地视侯而无公,《王制》言天子之公受地视侯,而元士视附庸,在五等之外。

---

① 杨向奎,《杨向奎学术文选》,北京:人民出版社,2000,44页。

素王是今文家的说法，何以连古文派的大师俞樾也说"《王制》为素王所定之制"？这让其弟子章太炎也搞不懂，责怪其师张嘴乱说（"先师俞君以为素王制法，盖率尔不考之言"）。

纠缠于考据，有的时候也会丢失大体。无论是否孔子所作，总归是个了不起的大圣人（西洋说法称"大立法者"）所作——对我们今人来说，重要的是得领会《王制》作者的用心（确切些说，苦心孤诣）。章太炎否认的与其说是《王制》的作者，不如说是《王制》的品位：

> 《王制》者，博士钞撮应诏之书，素非欲见之行事，今谓孔子制之为后世法，内则教人旷官，外则教人割地。此盖管、晏之所羞称，贾捐之所不欲弃，桑维翰、秦桧所不敢公言。谁谓上圣而制此哉？（《驳皮锡瑞三书》）①

太炎并没有否认孔子的圣位，关键在于《王制》所讲制度是否"新"、是否高明。太炎断定，"《王制》法品，尽古今夷夏不可行，咎在博士，非专锡瑞也"（《驳皮锡瑞三书》）。"不可行"有两义，要么因为太高超，要么因为太低劣——在太炎先生眼里，《王制》所讲的那些个法制当属后者：连古代（无论正反两面）的大政治家们都羞于提到或公开讲出来，怎么可以把这样的立法书说成孔子所作？——

---

① 傅杰编校，《章太炎学术史论集》，北京：中国社会科学出版社，1997，367–377页。

当然，人们也可以问，倘若如此，何以自汉以来那么多的聪明人没有看出《王制》法品的低劣？难道汉博士的心智真的不如太炎？太炎的确如此以为（"余以为《王制》《昏义》《书大传》《春秋繁露》，皆不达政体者为之。"《驳皮锡瑞三书》）。① 可是，太炎的评判尺度又是什么呢？

皮锡瑞断定《王制》为孔子遗书——所谓"遗书"，也许不一定就是写下来的文字之书，而是口传之"书"——或者"微言"，也就是不便张扬的"说法"。这样的口传之书在秦汉之际可能还不少，直到汉一代孔门学人还能背记，并在汉一代才记于帛书——王充就说过，孔子于"秘书微文，无所不定"（《论衡·效力篇》），大学者荀悦甚至说，后世所谓多有怪诞之说的纬书，其实就是孔子所作（"世称纬书仲尼之作"，《申鉴·俗嫌》）。倘若真有这样的不著文字的口传之"书"，即便考据功夫厉害得不行，又如何（无论在地上还是地下）施展呢？

在我们今人看来，有"书"竟然长期没写下来，全凭背诵和口头相传，实在不可思议。如果真有这样的事情，就不知道古代圣贤们是怎么想的了——写记下来不是要方便得多？无论我们是否想得通，这样的事情在古时候大概是有的。想当年，恺撒带领当时已经算"现代化"的罗马军团攻入高卢时，发现高卢的文教制度其实已经相当完备——高卢人也有自己的教养阶层"儒生"（Druides）。据恺撒记载，这些"儒生"传授经书的方式颇为奇特，要求不可在传习过程中将古传的诗文（verses）记写下来，其理由

---

① 今人金德健考订《王制》与《孟子》相近处34处，断定《王制》多采自《孟子》，参见氏著，《古籍丛考》，上海书店出版社，1986，94页以下。倘若如此，章太炎所谓"不达政体者"的断言当推及孟子。

据说是：1. 以免学问传播到民众中去；2. 以免习者记写下来后就放掉了背诵功夫。后一个理由不难理解，前一个理由（"不想让学问传播到民众中去"［quod neque emin in vulgus disciplinam propagari velint］，《高卢战记》，6. 14）就让我们今人实在感到稀奇，想不通为何会有如此想法。

好在古人让我们想不通的事情其实很多，我们毕竟已经受过启蒙的洗礼，好多古时候的事情想不通，也不奇怪。

从文体来看，《王制》通篇的确像是有人在述一部法典，要么可能是当时的博士所记的当时的什么"制"（如今有人写书时还说，这就是史迁在《史记·封禅书》中说的"使博士诸生刺《六经》中作《王制》，谋议巡狩封禅事"——但在多数论者看来，如今还这样说差不多要算笑话了），要么就是大圣人所为。倘若俞樾、皮锡瑞、廖平等大师的说法没错，《王制》这样的东西非圣人不能为，那么，就得考虑孔子是作者。

在《礼记》中，《礼运》与《王制》一样，都是说法典问题，但《礼运》是对话文体，与《王制》明显有别。不过，倘若把两篇对比来看，似乎又显得并非没有关系。《礼运》开篇说，孔子去参加了一个祭礼后，外出到门阙游览，不免深深叹息起来。刚刚参加了自己十分看重的祭礼，孔子怎么又叹息起来了呢？

在一旁的言偃（子游）不懂，问夫子为何叹息。于是，孔子说了那段名言：

> 大道之行也，与三代之英，丘未逮也，而有志焉。大道之行也，天下为公……

看来，很有可能是孔子从刚刚参加的祭礼中看到了古传礼制的衰变，于是从内心发出深深的叹息。不妨这样来理解：《礼运》所讲的语境，恰是古传礼制的衰变之时，与唐韩愈、李翱和晚清诸子所身临的境况颇为接近。

接下来便是言偃与夫子关于礼制的对话，通篇来看，显得像是对作《王制》的解说：为什么要作"王制"、礼法的源头怎样、为什么需要订立礼法——尤其是，在不同时代，礼制当有怎样的调适等等（廖平则谓，《礼运》等篇"孔子告子游，皆古学说"，是孔子尚未作《春秋》以前的"从周"之言，《王制》为此后的制作。参见《今古学考》15）。换言之，《礼运》以对话的形式说到好些涉及大立法者的"立意"之事。

即便俞樾、皮锡瑞等认定《王制》为孔子所作，仍然让这样一个问题悬而未决：如何把握像孔子这样的立法者的用意。固然，古制为殷周制度（王国维当年作《殷周制度论》想必也是出于制度嬗变中的文明关怀），《王制》中所述制度与古制不尽相同，因而皮锡瑞推测，《王制》当为孔子因时所立的新制——孔子是因时制宜的立法者。问题是，对于这样的立法者，我们又怎样才能摸到其"心意"呢？这实在是非常难以解答的问题。章太炎认为《王制》不可能是圣人所作，除了所谓"法品"太低，还因为他从《王制》中看到好些矛盾的地方，包括与今文家推重的《公羊春秋》的矛盾："若《王制》为孔子所定，则汉立《公羊春秋》，乃不应孔子意也。"毕竟，

　　《王制》，封建制也。然千里之内，亦有乡遂……循《王制》之法，行之无不乱治，施之无不旷官，百世可知。

孔子自己说过，他经常在梦中见到周公，一直到老（"甚矣吾衰也！久矣吾不复梦见周公！"《论语·述而》）。为什么经常梦见周公？

周公是周制的大立法者，作《王制》的孔子梦见周公，也许表明孔子在立法者之心上与周公有特殊的精神纽带关系（张栻曰："孔子梦见周公之心，即周公思兼三王之心"）。① 为了抬高孔子，贬低周公，康有为否认孔子会梦见周公，断言"甚矣吾衰也！久矣吾不复梦见周公！"是刘歆串入的文字，理由之一是"至人无梦"② ——这理由恐怕不大充分，我们宁可信古人的说法。苏格拉底算"至人"罢，他就经常有梦，而且在梦中常得到神示（《克力同》，44a）——甚至是涉及自己的在世使命的神示（《斐多》，60e）。③《庄子》内七篇说到孔子的地方很多，无不说得扑朔迷离，第一次涉及孔子的对话场景，就与做梦相关（《齐物论》："君乎？牧乎？固哉！丘与汝皆梦也，予谓汝梦亦梦也"）。

《齐物论》虽然主要说的是圣人所怀有的极高"齐物"境界，但与此话题紧密相随的话题是圣人的"言与不言"。开篇即是一段师生间的对话，学生子游（不清楚这个"子游"与《礼运》中问夫子为何叹息的言偃［子游］有什么关系没有。荀子曾将仲尼子游并称，康有为《礼运注》解释说："子游为传大同之道者，故独尊之。此盖孔门之秘宗，今大同之道幸得一传，以见孔

---

① 见姚永朴，《论语解注合编》，合肥：黄山书社，1994，111 页。
② 康有为，《论语注》，北京：中华书局，1984，89 页。
③ 在《斐德若》中，苏格拉底与斐德若一同离开城邦蹚过圣溪去到一片神灵栖息之地，苏格拉底说，过圣溪那会儿，他突然得了"神灵般的显示"【精灵】（242b）——似乎，对于苏格拉底来说，得到神灵显示犹如跨出此世间。

子之真,赖是也"①)见老师"仰天而嘘",其状神异,便想请教老师身怀的"妙术"。② 于是,老师说起"地籁""天籁""人籁"什么的。随后,从"夫言非吹也"起,言与不言的问题与圣人的至高在世领悟便联系起来。

> 夫言非吹也,言者有言,其所言者特未定也。果有言邪?其未尝有言邪?其以为异于鷇音,亦有辩乎?其无辩乎?道恶乎隐而有真伪?言恶乎隐而有是非?

"齐物"境界显得是一种极高妙的"知",如此"知"不可避免要求一种同样极高妙的"言与不言"来与之相配("大知闲闲,小知间间;大言炎炎,小言詹詹"),于是有了那句名言:

> 六合之外,圣人存而不论;六合之内,圣人论而不议;《春秋》经世,先王之志,圣人议而不辩。故分也者有不分也,辩也者有不辩也。何也?圣人怀之,众人辩之以相示也。

这里怎么会突然扯到《春秋》这本书?既然说这书是"先王之志",当是指孔子所作的立法之书《春秋》了。果若如此,说明这立法之书的性质的"议而不辩"又是什么

---

① 见康有为,《孟子微》,北京:中华书局,1987,239 页。
② 成玄英《庄子疏》训"仰天而嘘"为"仰天而叹"——倘若如此,则《齐物论》和《礼运》都以叹息开头就有点名堂了。为何叹息?从《内篇》次第看,《齐物论》中的叹息大概因为刚从天上下来。"妙术"一词,亦见成玄英疏,参《南华真经注疏》,北京:中华书局,1998,24 页。

意思？按钟泰先生的解释："举其义而不辩于辞也，所谓据事直书，其义自见，无取于辩也"①——那么，"议而不辩"不同样也可用来形容《王制》？

> 《易》与《春秋》，孔子之两大著作，而又义相表里者也。庄子於《逍遥游》既阐《易》之蕴，於《齐物论》又深明《春秋》之宏旨，著其本乎先王之志，而为经世之书。（钟泰，《庄子发微》，前揭，50页）

讲"大知""大言"的《齐物论》在关键段落突然说到"《春秋》经世"，已经让我摸不着头脑，接下来又说到尧向舜请教执政的事情（又一对师生对话）：尧说自己在面临是否举兵的决断时"南面而不释然"——更让我不知其所以然。再接下来，《齐物论》的作者就说到孔子的在世情状有如做梦的事情，并紧接着写道：

> 是其言也，其名为吊诡。万世之后而一遇大圣，知其解者，是旦暮遇之也。

俞樾说《王制》是素王之制，"素王"提法明文首见于《庄子》，而且"玄圣素王"并举（廖平谓"玄圣"指周公）——所谓"素王"，即有德无位。"无位"指没有王位，似乎不难理解，但"有德"指的是什么"德"，就实在太难把握了。无论如何，倘若说《王制》为素王所制，口传给自己的心腹弟子，由此一路传到汉代才记于帛书，

---

① 钟泰，《庄子发微》，上海古籍出版社，2002，49页。

并非不可思议的事情。按《齐物论》中所讲的道理来理解，像素王所订"王制"在一类人眼里如"恢恢乎经纬天人之书"，在另一类人眼里是"贾捐之所不欲弃，桑维翰、秦桧所不敢公言"的东西，恐怕也不是什么奇怪的事情——毕竟，"知其解者，是旦暮遇之也"。

总之，要理解《王制》作者的用心，就先得理解作为"素王"的圣人。但圣人仅有近圣人之心者才懂得了，而圣人在前后五百年都难得出一个，近圣人之心者其实也不多见。倘若如此，《王制》的作者问题又何以可能在我们这个时代有"知其解者"呢？

如今我们连近圣人之心者也难以遇到，不算独特的时代境遇，可以说，历史上的大多数时代都如此。所以，古人总说，读书明理能持守住养育"读书明理之士"便已经不错了。不过，当年皮锡瑞在湖南致力办学，倒希望能培育出新时代的"读书明理之士"——这种人

> 兼通中西之学，于古今沿革、中外得失，皆了然于胸中，虽闭门读书，而已神游五洲，目营四海，不必识其器而能考其法，不必睹其物而已究其理。(《南学会第十二次讲义》，引自吴仰湘前揭书，113页)

皮锡瑞说这话差不多恰好在一百年前——在百年后的今天来看，我们离这企望还差得远——如果不是越来越远的话：西法尚未搞通，其理尚未究明，中国的"王制"却也已然荒芜，遑论"古今沿革，中外得失，皆了然于胸"了。如今，政治哲学的事情，相当程度上无异于在令人叹息的现代化处境中回味古典心智及其与现代性精神的差异

（所谓"古今之争"）：

> 古之人，其知有所至矣。……今且有言于此，不知其与是类乎，其与是不类乎？（《齐物论》）

清末至民国初期，钻研《王制》的"读书明理之士"有好些：耿极《王制管窥》、程大璋《王制通论》《王制义案》、刘师培《王制集证》……沈家本、董康等中国现代法学的开山人也参研《王制》以述中国文明的法制传统。① 在今文家中，1897 年廖平作《王制订》，又有《王制学发凡》，辛亥革命以后的民国三年（1914），又有《王制集说》，搜罗汉代今文家对《王制》的解说（据今人统计，《白虎通》引《王制》达 39 例），还"约集同人，撰《王制义证》。以《王制》为经"，"以统帅今学诸经"（参见《古经学考》57），就提高《王制》的经典地位而言，廖平用力最勤，贡献当在康有为、皮锡瑞之上。关于《王制》为孔子所作的问题，也是廖平早有明文申说：

> 盖《王制》孔子所作，以为《春秋》礼传。孟荀著书，已全主此立说。汉博士之言如《大传》，特以发明《王制》而已，岂可与《王制》相比？精粹完备，统宗子纬，鲁齐博士皆依附其说，绝非汉人所作。（《古经学考》65）②

---

① 参见华友根，《西汉礼学新论》，上海社科院出版社，1998，164 - 193 页。
② 李耀先主编，《廖平选集》（上），成都：巴蜀书社，1998，91 页。

在廖平看来，《王制》无异于经中之要经——对此，1886年的《古经学考》有独到的申说，并与申论"素王说"的《知圣篇》相呼应。然而，

> 《知圣篇》专明改制之事，说者颇疑之。然既曰微言，则但取心知其意，不必大声疾呼，以骇观听。（《古学考》1，见《廖平选集》，前揭，115页）

密……不透风

—— 关于《暗算》的一次咖啡吧谈话

今年（2007年）元旦前的两天还是三天——我记不太清楚了，十年未见的老朋友、捷克汉学家高一乐来电话，说他刚到广州，待两天，问我看过电视剧《暗算》没有，想同我聊聊。

高一乐研究现代中国文学与欧洲近代思想的关系，有点成就，不过早已退休——高一乐是他的中国名字，捷克原名很长，我一直记不住，仅记得G开头。

因眼睛患病动过手术，我已经好些年不看电影电视了。我对高一乐说，可以推荐一位朋友跟他聊——我们系里有位教中国古代思想的中年老师，叫尚悠，学问很好，读书多且广，可惜几乎不写文章，在家除了看书就是看片子、听古典音乐。虽然不搞什么研究，这家伙却喜欢侃，前不久还在饭局上大谈《暗算》，眉飞色舞——我对高一乐说，同尚悠聊，保你开心。

为了尽老朋友之谊，我找到我的年轻朋友万全（我叫他小万）请他帮忙——他去年从北京一所大学拿到博士学位来到南方，在一家传媒写专栏，也是个影谜，同尚悠刚认识。让他陪高一乐和尚悠去二沙岛那间高尚咖啡吧，一边喝咖啡、吃小咸鱼，一边聊《暗算》，由我埋单。

下面所记的谈话大要，是小万第二天讲给我听的——我尽量保留小万讲述时的原貌。

一

昨天傍晚，我先到广州宾馆接高先生——小万对我说——然后带他去二沙岛，尚悠老师在高尚咖啡吧等我们。到了那里，见尚悠老师站在咖啡吧门外……我们一下出租，尚悠老师就嚷嚷：关门喽、关门喽，这家咖啡吧倒闭啦。我很纳闷：前不久还同几个朋友来过，怎么就倒闭了。正当不知道下一步怎么办，不知从哪里冒出几个四川民工，他们说，这家店不是倒闭，是重新装修……拐角那边还有一间。

我们移步到美术馆旁边，果然见到一间设在地下的咖啡吧。

尚悠老师同人见面就熟，高一乐老师腼腆些，笑起来像个孩子——他精神和身体都很好，不像七十出头……中国话讲得不错，虽然四声咬得不太准，但流利、清楚，用词准确，几乎没有动词与名词搭配不当的时候。

《暗算》是我看过的最好的讲中国革命历史的电视剧

——我们在一个包间坐定后，尚悠老师说——通常电视剧不及电影拍得精致，但这部电视剧比我看过的所有同类电影都好。老实讲，除了小时候看《冰山上的来客》感动过好几天，我还没有被哪部国产电影感动过，这次却深受感动。凡涉及中国革命历史的电影和电视剧，大多装腔作态，从情节、表演、化妆到场景设计，都缺乏真实感——咱们的红军、八路军那个时候哪有整整齐齐的清一色衣服穿？再不然就是缺乏让人感动的东西，别说让人回味再三了。《暗算》出手不凡，你看其中的人物，个个有型，即便次要演员，张张脸都挑得极具个性。周围好些朋友津津乐道其中的情节，其实，最值得称道的不是情节，而是道德感。无论外国电影还是中国电影，我还从来没有过自己崇拜的男角儿，只有崇拜的女角儿，但这回呵，安同志成了我的偶像：仅仅那张脸就是天生的道德形象——有信念、有好品德、坚韧，还很温厚、懂得体贴……真正的男人味哦，难怪网上好多女人说安同志是"女人杀手"。

我忍不住说，尚老师，你吹得恐怕有些过头吧。这个片子好看，没错，拍得好，电影语言流畅、细腻，干净利索，挺讲究镜头品位。不过，我倒觉得，这部片子的最大优点在于，赞颂革命历史英雄的技巧或者说手法有历史性突破：你一定注意到，前两部的革命历史英雄都不是党员，这就突出了人民群众在革命历史中的重要作用。当然，真实是这部作品的最大优点——毕竟真实才具有巨大感染力啊。前年抗战胜利六十周年，纪念性的电影和电视片我追着看，几乎没有哪部片子搞得像真的，实在让人失望……人家欧洲人或美国的犹太人多会搞自己的"新传统"教育：要么是访谈性纪录片，配大量历史资料镜头——没历史镜头,老照片也行啊;要么是编得跟真事一样的故事,无论哪种,意识形态语言从不挂嘴上——潜移默化嘛。《暗算》属于歌颂我们"新传统"的作品,优点就在于潜移默化,完全没有意识形态语言,尤其形象语言方面,甚至刻意打破八股式脸谱——好些人的脸相很中性,看不出是好人坏人……加上故事情节"反特",看起来当然精彩啦,但也仅此而已。

不过,我还想说,这部片子明显有国家主义倾向,张扬"国家利益"……不是吗?与其说《暗算》没有意识形态语言,不如说在塑造新的意识形态语言。这跟时势很合拍啊:国家正在"和平崛起",《暗算》激励人们为国家的第二次"翻身"献身。尚老师,上次听你在课堂上讲,"国家利益"这个概念出自所谓"国家理由",这是西方专制主义时代的政治语词。难道我们能够只讲"国家利益",忽略现代的普世价值——自由和民主?

听你前面的说法,还以为你是个搞文化研究出来的"新左派",现在才看出是个自由主义知识分子——尚老师笑眯眯地看着我说——学近代史出来的吧?

我感到自己脸上有些发热,心情一下子有点儿激动。

斗士啊……别不好意思嘛……你觉得,《暗算》的主题是国家主义?

你怎么断定我是自由主义?我脸上写字了吗?我故意调侃。

研究生毕业、在传媒中干的年轻人,好多不是新左就是自由主义,后者居多……一个人看到的只能是他能够看到的东西,仁者见仁、智者见智嘛。从你刚才对《暗算》的点评,就看得出你是哪派……《暗算》是不是国家主义,待会儿再谈——你觉得《暗算》没别的主题?

当然喽,网上还有这样的说法:《暗算》的主题是天才与死亡。你看,阿炳和黄依依都是天才,只要是天才,命就奇特得很——生得奇、死得也奇。这固然也可以算是《暗算》的主题,但我觉得,这些天才命运的故事不过是为国家主义这个主题服务而已。正因为如此,《暗算》才显得妙,喜欢的人很多——寓教于乐嘛……

天才故事至多让人惊叹,不会让人感动,即便天才死了也罢——尚老师说。什么东西才让人感动?道德的东西——即便爱情故事,没道德成分在里面,至多让人叹息,不会令人感动。十七世纪有个法国作家叫费纳隆,善写对话,他说过,"天资再好,没有可靠的道德基础,结果往往只能导致自己名誉扫地"。与你的感觉和看法不同,我觉得,《暗算》的主题是歌颂道德德性,因此《暗算》让我感动。

道德?什么道德,国家道德?新左派呼唤的民族道德?至多可以说国家主义道德,知识分子有良心的话,恰恰要……

要"呐喊"……你真的很"主义"哦,小万。

此话怎讲?

仅仅盯住"自由",用"自由"取代所有最基本的道德,以为有了自由就有了一切……

尚老师,我看你是个新左吧——我也笑眯眯地对他说……只讲国家利益、不讲个人权利,算有道德?

这么说来,《暗算》的主题谈不上道德?

鲁迅先生的道德力量,不就在于他争取自由表达的权利?

"匕首和投枪"还需要去争取自由表达的权利？搞错了吧……鲁迅倒是要争"启蒙"——自由表达是现代启蒙知识分子追求的道德，鲁迅已经有了，但这种道德不是基本的自然道德。

自然道德？从来没听说过……

比如基本的是非感——什么是什么，什么不是什么。仅仅作为一个听觉天才的离奇命运，阿炳的故事并不会让我感动，哪怕他年纪轻轻就死了——如今，有是非感这种自然道德死了，才让我感怀系之，唏嘘再三……在我们的后现代社会，稀缺的难道不是最基本的是非感？阿炳耳朵忒尖，尖在哪儿？尖在能分清谁是谁家孩子、谁是哪村人，总之，能分清最基本的什么是什么、什么不是什么——相反，你看，如今的知识分子最擅长的就是：混淆是非……阿炳容不得最最基本的是非不清，否则他没法活，一听见有人想当然地不分是非——比如究竟是母狗的崽还是母狗的公狗——阿炳就跟人急。阿炳死于听见自己的孩子不是自己孩子的声音，自己的孩子不是自己的孩子，难道不是最最基本的自然道德问题？

尚悠端起咖啡呷了一口，摆出打算好好教育我一番的样子接着说：与这种天然的是非感相匹配的是阿炳的好人直觉——阿炳没政治觉悟，他仅仅为母亲、为安同志工作，而非为国家……因为他天生的直觉告诉自己，自己的母亲和安同志是好人。什么叫"好人"？如今你这个自由主义哲学博士说得清楚？新左派文人说得清楚？你问阿炳，什么叫"好人"，他一定也说不清楚，但他凭自己天生的直觉知道谁是好人，而且凭这直觉懂得，唯有信赖好人，自己的生活才可靠、安全，他谁都不信，只信靠自己觉得的好人

——安同志是党员,阿炳妈不是,所以,好人是自然而然的,阿炳与这"自然"有一种天然联系,如今各路启蒙知识分子切断的就是这种联系——你这个哲学博士读书比阿炳多,却不一定知道谁是好人,而且,离了好人,你恐怕觉得活得尚好吧,因为你有"主义"……

阿炳能够出来为国家工作,靠的是他耳朵尖——可这耳朵尖不是培养出来的,而是偶然的天生带来的:这就是自然的道德品质,而非某种政治伦理的道德修养——阿炳能分清自然的是还是不是,所以,无需培训他掌握敌情、启发阶级觉悟,他就可以为国家作贡献啦。总之,基本的、自然的道德品质不是什么政治教育培养出来的,而是一个人身上自然而然禀有的。自古以来,有些人身上天生禀有的某种基本品质就被人们的共同生活经验认可为"好"的道德品质——比如分清是非、为人正派、勇敢、善良等等,任何一位好母亲都会从小教育孩子持守住这些品质,或者向这些品质看齐,而我们的后现代社会、传媒或课堂,却不断地用种种现代的所谓自主道德取代这些品质。

从生活中其实可以很容易地看到,并非人人都有这些品质,某人有一种这种品质已经不错啦——能分清是非的人,不一定勇敢,阿炳就胆小得很啊。反过来说,有的人身上则非常突出地具有某种这类基本的自然道德品质。总之,这些品质总是偶然地出现在某个个人身上,古代的圣王说要"隐恶扬善",意思就是要张扬这些自然的道德品质,不要张扬有些人身上同样自然而然的不道德品质……古人称为"凶德"——可以说,所谓"自然的"道德品质是指对人群生活来说自然的好品性。我们的后现代社会有个突出特征:自然的道德品质贬值到一钱不值……种种后现代道德—哲学观念作为现代启蒙的结果畅销起来,就是自然的道德品质的全面贬值——比如现在的女性主义要教你,女人应该是……算啦,扯远喽……反正什么是什么被搞乱喽。我觉得,阿炳的故事让我感动,首先因为,在如今因飞速现代化而引出的非自然道德的社会氛围中,它讴歌——我要用这个久违了的字眼儿——讴歌基本的自然道德。

可是,我说,你所谓的这种自然道德在剧中被用来为国家主义服务啊!

只知道盯住一样东西,与你们喜欢攻击的新左半斤八两。国家主义并非一种道德原则,而是一种低限的政治原则。换句话说,国家主义并不排斥其他政治诉求,比如,并不排斥你要的"自由民主"啊……一个自由民主的国家可能是非常国家主义的,比如说人家美国。严格来讲,你喜欢讲的个人,只有在国家这个机体中才实实在在地在,从前没有国家,也就不谈什么个人及其权利……古代的国家与现代意义上的国家可不是一回事哦。不过,我这样子说,可别把我当成国家主义者喔,请分清什么是……什么不是……尚悠用手在空中比划了那么两下。

高先生一直没说话?我问。

没有,这不,一坐下来我就同尚悠干上了,高先生在一旁嗑瓜子儿、吃开心果,笑眯眯听我们说,不时还拿笔顶认真地在纸上记点什么。

二

个人与国家的冲突,在黄依依的故事中不是很明显吗?——我紧逼尚悠不放。

我不这么看——尚悠说——冲突的是个人爱情与个人信念,而非个人与国家。不过,我仍然要说,即便黄依依的故事,真正的主题仍然是自然的道德品质。在旁人眼里,黄依依有"生活作风"问题——所谓"乱搞男女关系",这说法唤起的恰恰是人们对一段特定历史时期的政治伦理的记忆。在"五四"时期或者在今天,黄依依就会被看作爱情至上、率性而为的"新女性"喽……但这些"看法"同样不过是在用某种现代的政治伦理看人,如此看人当然看不到一个人身上的自然品德,看到的仅是现代政治伦理所看到的东西——用你自以为熟悉的庄子的话来说吧:你并没有置身自然的人间世,而是置身于非自然的人间世;尽管你也在人间世里,看到的全是非自然的东西,却自以为可以看到超自然的东西——没有自知之明是你们这些现代启蒙知识分子最突出的道德品质,实际上,与超自然的东西还隔着一层自然的人间世哩……

离开种种现代的"主义"道德眼界,在自然的人间世中,黄依依的个人道德品质看起来就不过是自然的勇敢而已。黄依依似乎爱得很"疯"、很大胆,但"疯"或大胆其实都不算是勇敢,勇敢基于清楚地知道自己所追求的东西是好东西、值得去追求的东西——所以,勇敢散发出来的人味是美,"疯"或胆儿大指的是自己并不清楚自己所追求的东西是好还是不好、是否值得去追就不管三七二十一去追,所以散发出来的人味是丑。勇敢的行为必然伴随着一个人对什么是好生活的认识——你这类公共知识分子,看起来勇敢而已……斗士嘛,其实是胆儿大或敢"疯"。黄依依凭自己的自然直觉感到,安在天是个品质优秀、心性难得的男人,她同样凭直觉知道,与他一起生活,自己的生命会很美好,于是身不由己、奋不顾身地去追……

《看风》一开始就铺展得很清楚,黄依依根本不关心什么国家不国家的,还明确表示不喜欢做"保密性质"的工作。但为了自己的追求,黄依依用自己的生命下赌注:她其实并没有把握破解密码,却以破解密码后带走一个人为条件进了"保密单位"。刚才说了,所谓勇敢,就是冲着自己认识到的更高、更好的东西而去,相反,所谓懦弱,就是不愿冲着更高、更好的而去。对于黄依依这样的女人来说,迷恋上安同志这样的人——仅仅就这个人本身来说,不就是在冲着自己看到的更高、更好的而去吗?

那你如何解释她与汪林的关系?汪林被发配到农场,黄依依还去看他,破解密码后甚至要跟汪林走……

在黄依依身上,与勇敢这一自然的道德品质交织在一起的,还有自然的善良、正派——你应该注意到,黄依依明确表示,处分汪林不同时处分她,是不公正的;汪林因为与她的事情被发配去后山放羊,黄依依觉得对不起他,看到他处境很惨,于心不忍……后来与机要员张的事情更凸显出黄依依身上自然的善良品质:这段关系写得很含混,一方面在非自然的人间世层面展现黄依依与机要员张的关系,好像两人有什么"不正当关系"似的,另一方面则在自然的人间世层面展现两人的关系,这时又很清楚,她与机要员张没那种关系,只是出于自然的善良给这个我们如今在生活中都十分熟悉的机要员……我禁不住要把他与上海滩的机要员小华对比:怎么竟然是完全不同的人,张在白色恐怖时期八成会当叛徒……全国粮票,为他因偶然过失被处分说情……黄依依身上的自然美德还不止这些,她有教养,还虔敬,瞧她好几次拜祖冲之神……一个人不可能一点儿不虔敬、不正派、没教养,却出色地勇敢。阿炳信赖自然的好人,凭耳朵听得出自然的好人,有自然的"好人"感觉;黄依依就是个自然的好人:善良、正派——如今这种人咱们得打起灯笼找才能找到,因为现代—后现代伦理……

又来啦……我挥了挥手打断尚悠,你又要攻击我啦……可汪林实在不咋地哦,你看他那张脸,好像我念本科时的一个老师。

《看风》并非一出悲剧,但我看了后特别心酸,好些天心情都没味道,沉甸甸的——我在想,自己为什么会感到心酸,现在也没想明白。这会儿我只能说:黄依依与汪林的关系,凸显的是黄依依勇敢到进入绝境,或者说,勇敢到自我毁灭的地步,因而让我感到心酸……很清楚,黄依依把汪林当成安同志的替身——你一定记得整个《暗算》中唯一的一场"床上戏"吧,非常节制、有内涵的"床上戏":酒后的迷糊、清晨醒来的失落,黄依依背过脸去要汪林穿上衣服,汪林非要黄依依看着他穿、非要她看他的身体——那身体怎么让人看得下去哩,黄依依给了他一巴掌……你把中外电影中的"床上戏"都剪下来比比,有多少像这场戏那样细节设计得有品有味有质地?

我不愿意说,黄依依与汪林的关系是她勇敢时犯了错……也就是在追求自己的好生活时犯了错,似乎她缺乏分辨、衡量的能力——她是数学家啊,这是精确衡量的结果:勇敢在遭遇痛苦时选择了另一种痛苦……何况,两人的事情其实很复杂——跟我们每个人自己的生活遇到的事情一样复杂,也就是说:自然地复杂——两人的关系起因于黄依依在痛苦中的迷糊,人性毕竟自然地脆弱……接下来是精确衡量痛苦后的选择,出事后则是善良的同情心在支配黄依依的行动……

就算这样的解释马马虎虎说得过去,我说,你又如何解释:黄依依在汪林叛变以后没有离开701单位,反而留下来,连安在天也觉得这是个谜……还有,安在天安葬了前妻回来,临时伪造了一件礼物——他并不知道黄依依留了下来,根本没为她带什么礼物——送给她,好像有点儿那个意思,小黄拒绝了礼物,把门对安在天关上——黄依依难道不清楚,两人这时已经没有生活在一起的障碍了?用你的话说,"自然地"善良的人恐怕都会问:为什么不是幸福的结局?明明可以是幸福的结局嘛!

答案得从编导提供的情节去找,不能凭想当然,尚悠说……可以肯定,黄依依留下来是精确衡量痛苦的结果,但问题是,衡量怎样的痛苦,如何衡量的?我不知道,没想清楚……我只是在想,为什么编导要把安在天对黄依依讲述自己与小雨的事情安排在最后时刻:第二天,黄依依将要随汪林而去,安在天则要"回家探亲"?安在天最后的独白说:那天晚上,他对黄依依讲了小雨死在他手上的经过,这深深地伤害了她——小雨的故事为什么会伤害到黄依依?或者说,黄依依受到了怎样的伤害?难道她从另一个女人的痛苦中破译了自己作为一个女人的痛苦的秘密?

谜呵，是个谜呵……我说，确实不好理解。不过，也许没那么高深吧，这情节不是编导的败笔，就是故意玩的噱头……

是谜，还是密？——高一乐突然插进来……对不起，我们老外学中文喜欢或者说不得不咬字眼儿。如果是"谜"，就是编导有意迷惑人，让人辨不清、想不明，进而让人迷恋……所谓"回互其辞，使昏迷也"。编故事嘛，当然得尽量搞出让人迷恋的效果，古有"怀其宝而迷其邦"的说法，如今要迷观众啊……但"谜"终归不过是一时的遮掩，"谜"底终究是要让人或想要让人知道的东西，就像你们古人讲的，要"使民无迷惑之忧"。如果是"密"，就是另一码事……"密"的古字形仿的是有如堂室的山，隐秘、隐曲的东西就是：看起来是这，实际却是那，让人以为看明白了，其实根本就没明白——说到底，"密"是有意不让人知道的东西……

故事本来就是破译密码嘛，《暗算》本身是个隐喻：破译生命的密码——我说。

有点儿道理，但你可以说"生命之谜"，却很难说"生命之密"吧——高一乐说。所谓"生命之谜"不过是说，生命本身让人看不透，或者说生命的真谛本然地被遮掩起来了……就像我在巴金小说中读到的："死是谜，有人把生也看作一个谜"——他没说有人把生和死看作一个"密"，因为生命本身并非是有意要秘而不宣的"密"。我是老共产党员，十七岁时提前一年入党，我父亲就是干地下工作的，从小听他讲过好些干秘密活动的事情。所以，你们可以理解，《捕风》给我的印象最深、感触也最多，我很想听听你们怎么看。

没错，高先生说得对，尚悠说，虽然生命之道既深且微，谁都在经历生命，却不知道其中原委，但生命之道至多可以说是"谜"，而不是"密"。我们这几代人大多是"五四"启蒙精神教出来的，当然只知道有"谜"，不知道有"密"——尚老师说着瞟了我一眼——我们的夫子有言："乱之所生也，则言语以为阶，君不密则失臣，臣不密则失身，几事不密则害成，是以君子缜密而不出也。"如今，自由民主政治伦理对什么事情都讲究公开性，凡秘密的事情都要不得，整天热衷于揭秘……从形式上看，《暗算》三部曲中，就数《捕风》最具动作性，情节设计得合理、紧凑，还很出奇，峰回路转——正当你以为情节在这里只有了结完事，它却能突转出另一条线索继续编下去……不过，这只是表面上的好看，实际上，虽然《捕风》情节紧张、动作性强，扣人心弦，我却觉得，《捕风》在《暗算》中最具宁静品质，让人透彻地感到静谧——密者静谧嘛……《捕风》整个看起来的确缜密、封闭，可以说本身就是个"密"……钱之江这个人物至少在戏中给人的感觉整个来说是："深"……什么叫"深"？"其静也敛之无余，而其动也发之必尽"，非有至刚至柔之德不能为啊……

难道黄依依为什么留下来也是个"密"？我问。

这也许是个"谜"，钱之江的故事却是"密"……

这"谜"和"密"是两出戏，扯得上关系吗？我说。

黄依依的故事与钱之江的故事连起来理解，才意味深长。安在天不过是另一处境中的钱之江，无论在《听风》还是《捕风》中，安在天身上都重现了钱之江的品质，处境不同而已——当然，处境的变化非同小可：在钱之江的处境中，守密直接关系到自己的性命，而安在天的守密更多是职业纪律，不是性命危险……或者说，钱之江与安在天要守的"密"已经不是同一个"密"，但他们的"工作"性质一样，都干"保密工作"，都有使命之"密"。于是，黄依依的生命之"谜"与钱之江的使命之"密"就在黄依依与安在天的故事中相遇了。要解开黄依依既留下来又对安在天冷淡这个"谜"，就得搞清楚钱之江的使命之"密"。可是，即便已经解放了，安在天仍然在保守钱之江的使命之"密"——这倒是个"谜"，而非"密"，结果使得我们最终没法解开黄依依为什么最后会这样这个"谜"。

三

尚先生，你的说法听起来蛮有道理——高一乐说。那么，你觉得，《捕风》的意图不再是体现某种自然的道德品质了？

非也，哈哈哈哈——听到高一乐夸奖，尚老师好像有点儿飘飘然起来，挪动了几下身子，装模作样呷了两口咖啡，然后用对老外说话时特有的慢调子说：编导当然也让钱之江身上凸显出某种自然的道德品质。你一定会马上问我：是什么嘛，嘿嘿嘿嘿……我要说……是：节制、审慎。首先体现在表演上：谁都看到，钱之江这个角色难演得很，即便剧情编得妙，演得不好也会搞砸……云龙——别人说我是他的"粉丝"，其实，我是他所体现的自然道德形象的"粉丝"——演得多有节制，分寸拿捏得多到家啊，充分体现出咱们古人所说的审慎品质，这品质可不是常常都能见到的喔……搞政治，尤其搞革命这种非常政治，太需要这种品质啦……我遇到好些年轻人,蛮有政治热情,却偏偏没这品质——说着又笑着鬼脸瞟我一眼。我的意思是,审慎作为一种道德品质本来也是天生的,因而也就是自然的,不是培养出来的……不信你培养咱们小万试试看……我刚才说了,从编导设计的剧情到演员的表演,整个儿突出的是钱之江的"机静"——"心密而机静,经世之才"啊。难怪连代主任也非常欣赏钱之江,如果钱之江不是共产党,代主任说过,一定会重用他……

说得好呵……高一乐打断尚悠,不过,我觉得,还有信念……信念,钱之江有信念呐——有信念算不算一种自然的道德品质?

信念,呃……这东西咱们中国古代……好像不这么说哦……尚悠一时接不上话,埋下头去像要品咖啡。

我是过来人,高一乐见状赶紧接着说,在我们捷克,如今还是有新党员不断涌现出来,但在我这个老党员看来,大多谈不上真正有信念,至多算有寄托……钱之江有一次同唐一娜说到信念与寄托的差别,我印象很深,他的原话大致是:有信念意味着你为那个更高的东西献身,有寄托意味着某个更高的东西为你服务。钱之江用这种自我理解把自己与周围的其他人区分开来,这无异于在区分少数人与多数人:少数人是有信念的,多数人是有寄托的……要多数人有信念,不仅没可能,恐怕也没必要,非让多数人有信念的话,整个社会就发高烧了。但一个社会里面的少数人没信念,整个社会就会贫血,虚飘飘的像失去舵手的航船,在大海上一会儿被吹向西边、一会儿被吹向东边。在我们捷克,过去是要让所有人都有信念,结果使得昆德拉那样的品德在现代之后风行起来,多数人没了寄托、少数人没了信念，整个国家被西风吹着一窝蜂追仿美国，而美国实际上究竟是个什么样子，多数人和少数人都不清楚……多数人不清楚倒也自然而然，我们的少数人也不清楚，从而不审慎、不节制，那就惨喽……

所以，现在我忒儿……喜欢跑到中国来住——高一乐特意摹仿了一下京腔，冲着尚悠莫名其妙地笑了笑，然后接着说，《暗算》让我想到的就是这个多数人与少数人的关系问题——阿炳、黄依依都算是多数人，尽管一个是乡镇上的底层人，一个是当时所谓的高级知识分子……钱之江才是真正的少数人——《看风》在这个三联剧的中间，刚好是多数人与少数人关系问题打结的地方。《听风》的戏重点在多数人身上，我们知道，很多人参加革命工作，其实并没什么信念，至多有自然的美德……没关系啊，少数人有就行了……重要的是，少数人懂得看到多数人中的自然美德和凶德。尚老师刚才说到自然美德，我完全同意，仅想补充一点：所谓自然美德，也指"百姓日用而不知"的品德，但"仁者见之""知者见之"——未必你们没看出来，《听风》和《看风》有一个共同的主题：安在天很会看人，以其"慈祥恺恻之心"发现阿炳，以其"明辨精详之见"相中黄依依，无论别人多么不相信，他总坚持自己看人的眼力。《捕风》的戏重点在少数人身上……《看风》则是多数人与少数人的关系纠缠不清——看看我们捷克的后现代社会，告诉你们吧：多数人与少数人混而不分，各自都不清楚自己，还经常把自己搞错。从前我们讲党群关系，党员当然是优秀分子，但优秀分子永远都是少数，哪有全民优秀的国家？群众嘛……自然是多数人，可如今在我们捷克，你根本不知道谁是党员，谁是群众……

哈哈哈哈……我忍不住大笑起来，咱们尚老师最像个党员啦，可他偏偏……哈哈哈哈……

尚悠连忙用手按着我的肩，一脸严肃地说：开玩笑要分时间、地点、场合，人家高先生在说正经事。

我们可以来回忆一下安在天所讲述的他与小雨的故事的要点，高先生接着说。虽然安在天与小雨已经一起生活了不短的日子，小雨却不知道安在天真正是干什么的，也就是说，安在天一直对小雨保守秘密——这可以说是少数人对多数人保守自己的秘密，为什么要保密？按我自己的体会是，让作为多数人的小雨知道这秘密，会害了她——告诉你们我自己的经历吧：当年我入党后好些年，我妻子都不知道我是……那个……后来出于工作需要，安在天向小雨透露了自己的秘密。安在天说，小雨听后哭了整整一晚上……请注意，哭了整整一晚上啊，对一个女人来说，这相当于哭了整整一生，因为这是为自己的整个一生命运的改变而哭！对于小雨来说，生活本来只有"谜"，没有"密"，如今却被拖进了"密"，她必然会因为"密"而死……但实际上是为安在天而死……这也是一回事，安在天就是"密"本身嘛——小雨死那场戏很短，却设计得好极：小雨喊出"开枪，一、二、三"，声调并非高昂，而是轻柔，尤其最后的"三"，缓慢而轻柔得简直就是一生的温柔都在里面的低唤，好像在最后说一声："我爱你……开枪吧"……

这比我所看过的电影里所有高呼"向我开炮"的场景都真实……感人，我也有些激动起来。

你的意思是，所谓"保密"与这类少数人类型有关系？——尚悠收起了刚才的得意，一脸严肃，还点燃了一支烟。

在这段故事中,小雨的生命之"谜"变成了安在天的生命之"密",高一乐说,所以她在剧中非那样死不可。生活对于黄依依来说,与小雨一样,本来只有"谜",没有"密"。安在天讲述的他与小雨的故事,在我们听起来至多是个"谜",甚至是有人在网上说的情节破绽:都"解放了",怎么还会发生这样的事情,而且在苏联?但在安在天那里,这可是个"密"啊……安在天用"谜"一般的叙事讲述了一个"密"——黄依依属于女人中智商忒高的一类,她真正要破解的不是蒋匪的密码,而是安在天身上的"密"……一旦她破解了这个"密",自己的命运就彻底地被改变了。

四

哇……这样看来,《暗算》三部曲还另有妙道哦——尚悠从椅子上直起腰来,咱们中国人看不出什么名堂,你这个老外反倒能看出点名堂,真像后现代理论说的,需要他者的眼光啊。高先生,你的说法让我想起《庄子·人间世》,起头三个对话就像是三部曲,全涉及生活中的巨大难题:颜回问的是,如何才能与刚愎自用的君王相处;叶公子高问的是,自己作为国使如何与敌国君王打交道;颜阖就更惨啦:作为一个贤人,他得去给一个天性有凶德的太子当傅保。尽管三人都是贤人,如今"不得已"要涉足过于艰难的人间事,该怎么办?要是换了我自己,早就一身冷汗……让我困惑的是,第一段对话是颜回问仲尼,第二段对话是叶公子高问仲尼,到了第三段对话,仲尼不见了,变成贤人颜阖与大夫蘧伯玉的对话,被问的人由高而低——我老在想:仲尼哪去了?为什么直到最后仲尼才又出场?我一直以为,这是个"谜",现在看来,八成是"密"……这些对话涉及的毕竟都是国家大事呵。所谓"保密"当然指关乎社稷的事情,像《楚辞·九章·惜往日》里面说的,"秘密事之载心兮,虽过失犹弗治"。这里的所谓"秘密事",按朱熹的说法就是"国所秘之密事"……按咱们小万的说法,国家主义早在战国时期就有喽,他刚写了一篇论文——"论先秦时期的自由主义思想萌芽:以孟子和韩非子为中心"——论证"事以密成,语以泄败"的说法是专制的表现……

我刚要抗辩,尚悠比了个 stop 的手势,接着说:不过,高先生,代主任也有信念啊,他并没有要保密呀……

没错,但他的信念在一开始也是要保密的;再说,代主任自己讲得很清楚,他与钱之江的信念不同呀……刚才你俩都夸《暗算》有真实感,我不反对,但我觉得,《暗算》中仍然有败笔——从真实感来说的败笔:你们看那个老年的安在天,装模作样,演员也不像是同一个,配音也假兮兮的……

不对,很真实,我禁不住插话说,因为安在天退休时已经后现代了嘛……你看他居然坐在躺椅上,以后现代的上海外滩为背景留影——老革命会这样留影……

别扯得老远,尚悠打断我,还是来搞清黄依依为什么留下来这个"谜",高先生,为什么安在天说,他讲述的与小雨的故事会深深伤害了黄依依?他怎么知道?难道因为黄依依从安在天与小雨的事情中得知安在天是搞秘密工作的？她不一开始就知道了嘛！

我在想，钱之江身上会不会有双重的"密"。表面上的"密"是他当时的特殊工作，另一层"密"是什么，我不清楚，而且不清楚钱之江自己是否清楚。只是，《暗算》的整个故事都以"秘密工作"为背景，这让我想到我们西方思想史上的"秘密"和"保密"的问题。

西方思想史上也有"秘密"和"保密"的问题？没搞错吧，我说，从来没听哪位老师讲过，也没从西方人写的思想史中见到过啊……

十八世纪的德国剧作家莱辛写过一部对话作品《恩斯特与法尔克：对共济会员的谈话》……

就是那个写《汉堡剧评》《拉奥孔》的莱辛？我问。

没错，他还写过好些剧本，用今天的话说，是个剧作家。《对共济会员的谈话》可以说是部小品剧，主题是共济会员为什么要保密。当然，莱辛说到的保密，与后来革命党的保密不同——严格来说，革命党没什么可保密的，保密仅仅是因为一时的恐怖统治，革命党的目的光明正大；十八世纪的莱辛所讲的共济会是个秘密组织，革命党在性质上不是秘密组织……

慢点儿——尚悠说，你说的……不，莱辛说的这个"共济会"就是缔造了现在自由民主宪政原则及其普世价值的那个共济会？

历史上还有过别的共济会吗？如今的 Constitution［宪政］这个语词，本来是共济会的用语，指共济会为自己这个组织订的章程……共济会最早在英国出现，后来在美、法、德等地兴起，十八世纪后期已经几乎遍布欧洲，有很多分会——左中右都有，各自都有自己的 Constitution。

这么说，自由民主宪政是共济会搞出来的？我向尚悠要了支烟点燃，竖起耳朵听……

不能这么说，只能说，自由民主宪政的形成与共济会有过不可小觑的历史渊源——历史上有桩著名公案嘛：美国立宪时，谣传国会议员中好些是共济会成员……《对共济会员的谈话》就提到这事……扯远了，回过头来说莱辛的小品剧吧。莱辛本来很想加入共济会，因为，共济会的目的是要清除人间世所有的恶——这目的对于少数有血气的人来说一直就非常有吸引力……当地的共济会分会经过一段时间考察，没批准莱辛入会，他转到另一城市，向那里的共济会分会提出入会申请，就在当地分会决定吸收莱辛入会时，他却偏偏不入了，随即写了《对共济会员的谈话》——为什么莱辛不加入共济会了？这是一个"谜"还是一个"密"？……《对共济会员的谈话》是一个资深会员与一个想要入会的年轻人之间的对话，共济会在当时是秘密组织——也许现在还是，因此，这个资深会员与想要入会的年轻人谈的话题主要就是：为什么共济会要保密。共济会被后来的启蒙知识人看作理性、自由且"看不见的教会"，马克思主义史学家则把共济会看作新兴知识人志同道合的组织——据说，共济会的真正秘密是……

真可惜，没有中译本，我没读过……尚悠还没等高先生把话说完，就冒出一句。

有中译本也未必读得懂，我在德国留过学，看德文没问题，这篇作品的德文我在1968年就读过，后来又读过多遍，迄今不敢说懂了，仅仅知道，这部作品说的是双重的保"密"。难读懂的原因是莱辛的写作方式：用揭示秘密的方式来保密。共济会有自己的秘密组织的规矩、章程乃至联络方式（比如说暗号之类），对话在师傅（共济会称分会会长为"师傅"）与门徒之间进行，门徒想要知道共济会的秘密——师傅告诉他：什么是共济会的秘密。从表面上看，这个秘密就是"保密"：保守共济会的组织这个秘密，可我看来看去，总觉得还有个更深的共济会的秘密被这个揭秘的过程隐藏起来了……

妙！尚悠说，《庄子·人间世》开头的几个对话都可以看作是师傅与弟子的对话，我在读的时候同样有这种感觉——在传授秘密的过程中，某个更大的秘密被隐藏起来了……不过，高先生，你能简单说说，共济会是怎么回事，它的保密性质究竟怎么回事儿？清除人间世所有的恶，这目的伟大而崇高，干嘛要隐藏起来——这究竟是个"谜"，还是个"密"？

我研究中国现代文学时发现，中国的学者喜欢把封建与专制连起来用，动辄就是"封建专制"……可封建与专制是两码事呀：在西方，封建是中古后期的政制形式，所谓"专制"——正确的名称应该是"独立王权"政制，十六和十七世纪才出现……那个时候，宗教改革运动把传统教会搞得四分五裂，人们为了自己的信仰不惜以刀枪相向，内战打得一塌糊涂。所谓"独立王权"指君王在下辖地域内独有最高主权，首先针对的就是搞武装冲突的宗教派别，从政治领域排除教派权力，最低限度地为国家的和平和秩序提供保障，这就是所谓"国家理由"。绝对王权国家并非无法无天，国家有所谓"基本法律"，君王也得对自然法负责；但如此法制把政治与道德—宗教分隔开来，直接的后果是个人被分割成外在之人和内在之人——或者说被切割成公、私两半：一方面是如今所谓法律面前政治上平等的公民，不再受中世纪式的封建等级制身份结构的制约，但得按"公民理性"或者说国家理由来规范自己的外在行为；另一方面，个人作为"私"人，可按个人良知来决定自己信什么，国家不管也管不了，但个人不得以上帝名义提出任何政治诉求……作为交换，君王主导的这个法治国家为每个公民提供保护，就像我现在拿着护照到中国来会朋友，护照上由捷克政府外交部写得很清楚，我受到捷克这个国家的保护；反过来，倘若你要在这个国家中生活，就得顺从提供保护的君王——如今叫做国家……在思想史上，这就是著名的所谓"保护"与"顺从"的理论……所谓信念自由，本来的意思是：个人得把自己的道德—宗教认信隐藏在"内心密室"，in secret free［秘密地自由］信仰……不过，这并不等于"保密"，像你们"文革"初期打派仗时人们对自己属于哪派得保密那样，以免被敌对派暗算——"保密"指的是，倘若有人认为以国家理由为理由搞无道德的政治要不得，非要让自己的个体认信走出"内心密室"，进入王权专有的政治领域，就得秘密行事，对自己的行动保密。后来的启蒙运动实际上就是要扩大个人信念的政治空间……秘密与启蒙、揭露与守秘，在西方思想史上是一大问题啊，你们的西方思想史老师不讲这段？

我们的思想史界啊，尚悠说，无论研究西方的还是中国的，基本上还在启蒙梦想中没醒过来哩……不过，这话题不谈为好，免得咱们小万这样的人听了不高兴……高先生，你刚才说的，倒让我想起近代自由主义理论先驱对内与外、私人与公共的区分，由此提出了自由的权利诉求……不过，思想自由、良知自由的问题，古希腊的时候就有喔……西方的近代史史书上的确提到各种秘密结社、秘密教团，共济会不过是其中最有历史影响的，但古希腊贵族政制衰微时就出现过秘密团体，这与近代的——比如说共济会——有什么不同？

莱辛不仅是个剧作家——高一乐说——也是大学者，用今天的话说，是个文史学家，他长期待在一个老图书馆里整理善本，不时以"历史与文献"为题发表一些据他说自己整理出来的善本书稿，其实有些东西根本就是他自己写的……不过，为了写《对共济会员的谈话》，莱辛倒下过一番功夫考索共济会保密性质的来由……共济会起初在英国是一种行业会，所谓"保密原则"不外乎是谨防门派的手艺绝活外传。大约到了十八世纪的时候，开始出现"思辨的"共济会，也就是新兴知识人的行会，并很快风行整个欧洲大陆，据统计，十八世纪四十年代，仅法国就有二百多个分会——这时，共济会分会的保密性质发生了根本变化……

这么说来，共济会员起初不少是如今所谓搞自然科学的知识人？尚悠问……难怪我们好些启蒙知识分子是学理科出身的……理论物理、分析化学、基础数学之类……这类人一转到人文领域——尤其政治思想领域，脑子往往直愣得很……

我听了很不高兴——因为我本科念的就是理论物理，顶了尚悠一句：你知道"假舅舅"的领导学什么专业吗？看他那满头的白发和资深的眼镜，没准是学康德伦理学出身的哩。

高先生完全没听懂我俩在说什么，只能接着自己的话往下说——在共济会中其实有两种性质不同的秘密：一种可以说是形式的秘密或保密原则，也就是共济会组织的具体规定、行内规矩……后来有共济会员退出，这些形式上的秘密早就外泄，已经是公开的秘密；另一种性质的秘密可以叫做内在的秘密：秘密的共同信念和感情，也就是共济会员因接受秘传的信念而产生的一种特别的生存感觉……共济会的"兄弟们"不分国籍、民族、社会等级差别，都是"同志"，就像警犬和耗子，都为共同的圣殿工作，从而形成一种超乎自然伦常的道德感情——我不清楚后来的"国际歌"与此是否有关系，总之，共济会的秘密信念营构出秘密的共同情感，使得会员兄弟们有一种秘密的自足感，活起来觉得非常充实……难怪梵蒂冈教廷在1738年发出教宗诏书，"谴责和禁止"共济会，因为，共济会简直是在与大公教会争夺灵魂嘛。

清除人间世所有的恶，这目的很伟大啊……为什么要保密呢？还是搞不懂。我说。

要达到这目的就得搞大政治，但王权国家禁止宗教团体或类似的团体涉足政治，共济会的保密性质首先就在于保护自己的这种相当政治性的诉求——这种意义上的保密，相当于钱之江当年的保密，解放以后，这种性质的保密就没必要啦。尽管从历史过程来看具有暂时性，这种性质的保密在当时却具有意想不到的意义：如此保密实际上营构出了一个秘密的新社会——共济会内部的社会，而共济会希望这个秘密社会将来成为人类生活的普遍形式，因为，这个社会才是道德的社会，自由和平等是首要的道德……共济会的原文直译的话就叫"自由工匠"，有 free 这个词……你们已经很难体会得到——我相信钱之江和安在天就能体会到：起初内在的秘密感觉的确是一种颇为美妙的自由感觉，在一个秘密的道德共同体内才会有的感觉，一旦与共济会内部的平等情谊连在一起,这种感觉就更为美妙……

明白啦——我一拍桌子说,这不就是自由主义了吗,黄依依根本没受什么伤害,她破译了安在天身上的密……且听我道来——我故意卖关子,慢腾腾吸了口烟……通过小雨的死这件事,黄依依终于明白,安在天是个使命人,对他来说,与使命维系在一起的信念情感高于自然情感。黄依依终于回过神来,从安在天身上得不到自然情感,得到也靠不住,向那个俄国人开的一枪不就是证明?安在天的爱情在使命,要与安在天结合,就得与安在天的信念或使命结合……所以黄依依决定留下来当破译组长,成了少数人……什么叫"少数人"?不都是从多数人中冒出来的……

觉悟得蛮快哦,尚悠说……

五

我的话还没说完呢,高先生说。内在的秘密感觉基于共济会的工作使命,也就是说,共济会要让自身的生存方式最终成为所有人的生活方式……反对道德与政治的分离,尽管眼下这还是一个需要保守的秘密,但这个秘密最终是要走向公开的,一旦整个国家……不,应该说全世界所有国家的人获得了彻底解放——摆脱"专制",这个内在的秘密就见光明啦……其实,共济会在十八世纪兴盛的时候,教派内战已经过去一百多年,"专制的"国家理由早已不成其为理由,但绝对王权式的国家形式还在……或者说专制还在，共济会要保守的真正秘密就是反专制——所谓反专制，意思是从道德上、政治上打破人与人之间的区隔，弥合因民族、国家和封建等级残余给人类社会带来的"分裂"，促成人类一体的大同社会；"人类"这个词我们如今用得很普遍，甚至很随便，其实，这个词是十八世纪才开始流行……因此，共济会的保密行为本身就是一种政治行为，掩护自己的政治诉求由内而外、从道德自由向政治自由推进……

怪不得——尚悠说——启蒙主义者们无不具有高昂的自由道德热诚……

问题是——高一乐说——《对共济会员的谈话》借师傅向弟子传授秘密，公开讲出了共济会的第一层保"密"，又借口共济会员"不可说他最好缄口不说的东西"，莱辛好像有意要隐瞒共济会的第二层"密"——这与当时的启蒙思想家们很不同呵……要是到此为止，小万的解释就有道理。可莱辛笔下的共济会师傅说："共济会始终存在"——这话究竟什么意思？非常费解……新社会建成以后，共济会岂不没了存在的理由？独立王权国家出现前，哪有什么共济会？……难道共济会身上还有第三层"密"，但莱辛隐瞒了……

我突然想到一个"谜"，尚悠打断高一乐说，我们忽略了一个重要因素：黄依依是学数学出身的，西方最早的知识人秘密团体就是数学人团体——毕达戈拉斯派啊，你老先生知道的……咱们中国古代恐怕也有类似的数学人群体，在哪儿我不清楚，凭直觉反正觉得应该会有，不然"大衍之数五十，其用四十有九，分而为二以象两，挂一以象三……"之类写给谁看？……安在天说他讲的事情伤害了黄依依,的确不过是他的一面之辞,我们毕竟没听到黄依依自己的说法,她内心怎么想的,咱们不知道,仅看到她完全变了样,见到安在天时冷冰冰的——也许,黄依依确实没受到伤害,但并非小万说的那样,毋宁说,她破译了安在天身上的"密"……数学对黄依依本来是"谜",如今成了"密"……毕竟,即便黄依依是多数人,也得算是多数人中的异类:她看似有很强的爱欲,其实是有很强的上进心,追求干净、纯粹得跟数学差不多的东西,起初在多数人中间自己还没觉得,遇到安在天才醒过来,爱欲于是一下子变为"基命宥密"……在我们这些多数人眼里,她才显得是变"冷淡"而已,在她自己或者在少数人眼里呢,怕是"澡身浴德"后的神妙莫测哦……不过这样一来,她要找到合适的爱人就几乎没什么指望啦,安在天恐怕也不在她眼里……

这不已经伤害了黄依依吗!高先生差点儿从椅子上腾起身来打断尚悠,激动得说中国话发音也乱七八糟——难道黄依依与安在天错了位……难道黄依依既非多数人也非少数人,而是……?毕竟是个女人啊……她笑起来的时候好美丽,但嘴角总隐含着一丝丝儿苦涩,让人揪心地痛,就好像美好的东西总是艰难的命……不管怎样,要说黄依依没受到伤害,我断难接受……你俩对黄依依的结局解释不同,就像后人对《对共济会员的谈话》各有说法:有共济会大师说,莱辛破碎了共济会的理念,有的大师却说,莱辛最为精当地表达了共济会的理念……最妙的是,法国大革命以后,有两个当时非常著名的德国哲人接着莱辛的《对共济会员的谈话》写了续篇,但方向完全相反。莱辛的对话是在法国大革命前最后一个十年之初发表的,1793年

——也就是法国大革命之后的第四年,著名的赫尔德发表了《关于一个不可见的可见社会的谈话》,公开主张把莱辛笔下的人物所隐瞒的"密"公开化,使之明确为历史的终极目的。几十年后,马克思流亡巴黎时,建议《前进》杂志在被关闭前的最后两期重刊莱辛这篇对话,就是在坚持走赫尔德的方向——当时,马克思正与资产阶级民主派决裂,积极倡议发表莱辛的这部作品,看来与他对共产主义同盟的理解有关……有意思的是,重刊这篇对话时,《前进》杂志用了"社会主义者莱辛"这个标题。

另一个写续篇的是著名的小施勒格尔。1804年,小施勒格尔给自己编的莱辛文选作注疏,写了篇《关于共济会员的谈话》,他说,没有大革命之前,我们应该保"密",如今有了法国大革命,我们更应该保"密"……可是,康德带出的那帮德意志唯心主义哲学家们竟然都忘了,哲人生活本质上是密契性的……因为,哲学不过是一只翻飞的蝴蝶……因为,哲学基于一个最终的大"密":绝对完满的善本身最终是没法彻底搞清的。"保密"与"传达"相辅相成,压根儿就不传达,也就谈不上什么保不保密……如何把这个最大的"密"传下去呢?只能以秘传方式来传,所以,凡修炼到家的哲人在表达时肯定会用寓意方式……康德以后的启蒙哲人一个劲儿要到市场上去传布哲学,向大众揭秘,恰恰因为他们认定,绝对完满的善不仅可以搞清,还可以实现,或者说已经搞清,因此应该实现,有何保密的必要?施勒格尔简直把古老的哲学传统说成了一种宗教——当然是内教,而非外教。任何大宗教都有内教和外教两层,因为凡大宗教都既有信念又有寄托……钱之江老是念佛、做打坐状,在别人看来是有寄托,其实是有保密性质的信念……

没想到你这个老党员竟会懂得那么深……深者"蕴奥而难见也"……我猜,你的意思是:黄依依肯定受到安在天的伤害,但究竟是哪层"密"伤害到她,就不清楚了,总之,是少数人伤害到多数人……在这伤害的同时,少数人也伤害了自己……要搞清楚黄依依究竟受到哪层"密"伤害,取决于安在天是否认识到这两层"密"及其相互间的历史关系,可我们没法知道这一点。

但这历史关系肯定是个"谜",而非"密"……高一乐没再说下去,只埋头呷咖啡。

越听越迷糊——我说,共济会的事情与黄依依同安在天的故事究竟有什么关系?高先生的说法倒像是"密"上加"谜"。

看来啊,尚悠摆出一副自得的姿势说,咱们这些被西方启蒙精神教育出来的中国知识人要搞懂"谜"还是"密",根本就没指望——我倒是想起《庄子·人间世》中接下来的第四个对话:前面三个对话都是两个人之间的对话,第四个对话中多了一位他者。有个名叫"石"的匠人带着弟子去齐国,路过一个神社,见到一棵高大的栎树——高大得甚至看周围的山也得俯视。弟子见了,惊奇得止步不前,师傅却看也不看,径直前行。弟子觉得师傅的行为是个谜,问师傅:我从没见过这等好材,你怎么连看也不看一眼?师傅说:够了,别说啦,什么好材,散木而已。当天晚上,这师傅就梦见那棵高大的栎树把自己训斥一通:你知道什么好材、劣材,什么有用、没用?我告诉你这等散人罢:无用才是大用。这师傅醒来,把梦中的对话讲给弟子听——弟子听了觉得又多了一谜,他问:既然志趣在于无用,怎么不在大山里站着,偏偏要到神社这地方来站着?这回师傅的回答就与先前不同啦,他说:"密!若无言。……彼其所保与众异,而以义誉之,不亦远乎?"……哎呀呀……真所谓"洗心退藏于密,吉凶与民同患,神以知来,知以藏往"啊……

Sī tacuisses, philosophus mānsisses——高先生嘀咕了一句洋文,尚悠和我都没听出来是哪国的,愣在那里。高先生不好意思地笑了笑说:是句拉丁语,不知道中文怎么翻译……

尚悠朝高一乐举起杯子,高一乐也举杯,两人对视着,像两个小孩子一样微笑着,饮完最后一口咖啡。

尚悠要付账——我和高先生没同他争。

走出咖啡吧时,夜已经很深……我们不约而同走向江堤,沿着珠江漫步,偶尔望两眼对面在聚光灯中显得特别耀眼的牌坊……谁也没说话,不时有青年男女牵着手从我们身边走过。

我生性忍不住长时的静默,终于开口:尚老师,你觉得这些人中间还会有黄依依或者安在天吗?

都后现代啦,还会有?……有也但愿他们别遇到……不过,即便遇到,安在天恐怕已经不安于"保密工作",跳槽喽……

高先生听见这话便停下步子,望着尚悠,然后目光从尚悠脸上慢慢移到默默地涓涓而去的江水,声音细小得像在对自己说:我去过世界许多地方,每每见到江水,我就想起——"子在川上曰:逝者如斯"……

我们三人各自打的离去,谁也没送谁。

图书在版编目（CIP）数据

儒教与民族国家/刘小枫著.--2版.--北京：华夏出版社有限公司，2020.11

（刘小枫集）

ISBN 978-7-5080-9954-5

Ⅰ.①儒… Ⅱ.①刘… Ⅲ.①儒家－文集 Ⅳ.①B222.05-53

中国版本图书馆CIP数据核字（2020）第095243号

儒教与民族国家

作　者	刘小枫
责任编辑	王霄翎
美术编辑	殷丽云
责任印制	刘　洋
出版发行	华夏出版社有限公司
经　销	新华书店
印　刷	北京汇林印务有限公司
装　订	北京汇林印务有限公司
版　次	2020年11月北京第2版 2020年11月北京第1次印刷
开　本	880×1230　1/32开
印　张	8.125
字　数	180千字
定　价	59.00元

华夏出版社有限公司　　地址：北京市东直门外香河园北里4号
邮编：100028　　电话：（010）64663331（转）　网址：www.hxph.com.cn
若发现本版图书有印装质量问题，请与我社营销中心联系调换。

刘小枫集

设计共和
以美为鉴：注意美国立国原则的是非未定之争
古典学与古今之争［增订本］
这一代人的怕和爱
沉重的肉身
圣灵降临的叙事［增订本］
罪与欠
儒教与民族国家
拣尽寒枝
施特劳斯的路标［增订本］
重启古典诗学
共和与经纶
现代性与现代中国：现代性社会理论绪论
诗化哲学［重订本］
拯救与逍遥［修订本］
走向十字架上的真
卢梭与我们
西学断章
现代人及其敌人
好智之罪：普罗米修斯神话通释
民主与爱欲：柏拉图《会饮》绎读
民主与教化：柏拉图《普罗塔戈拉》绎读
巫阳招魂：《诗术》绎读

编修［博雅读本］
凯若斯：古希腊语文读本［全二册］
古希腊语文学述要
雅努斯：古典拉丁语文读本
古典拉丁语文学述要
危微精一：政治法学原理九讲
琴瑟友之：钢琴与古典乐色十讲